# DAS TAGEBUCH EUROPAS

## Vorspruch von Alfred Grosser, Paris

Es geht um gemeinsame Vergangenheit in Europa. Damit die Europäer besser zueinanderfinden? So einfach ist das nicht. Der Begriff der Gemeinsamkeit ist keineswegs klar. Denn es kann, es darf nicht lediglich um das schöne, beglückende, aber reichlich naive Gefühl einer vergangenen und deswegen auch in Zukunft möglichen Zusammengehörigkeit gehen. Es trifft zwar zu, daß manche Gelehrten des 14. Jahrhunderts in Köln, Bologna und Paris studiert haben, also »europäisch« ausgebildet worden sind. Aber was die Menschen heute in Europa trennt, das ist nicht die Unkenntnis des europaweiten Ruhms eines Erasmus im 16. oder der so weit verbreiteten Aufklärung im 18. Jahrhundert. Es ist das Verkennen der Gemeinsamkeit des Erlebten, des Erlittenen, weil das Bild des anderen ein Feindbild geblieben ist. Und mit dem Feind kann es doch keine Gemeinsamkeit gegeben haben!

Es geht darum, sich nicht nur der eigenen Siege und Niederlagen zu erinnern, sondern die Verdienste und die Leiden anderer anzuerkennen. Und somit zunächst einmal zu wissen! Nicht so sehr im Sinne einer gelehrten Wissenschaft, sondern einer Erkenntnis, die ein Mitempfinden, ein Nachfühlen erlaubt. Das klingt einfach, ist aber sehr schwer durchzuführen, denn die Hindernisse sind enorm.

Ganz besonders in allen Ländern, deren Geschichtsschreibung in den letzten Jahrzehnten im Zeichen des Totalitarismus gestanden hat. Natürlich auch der Geschichtsunterricht. Im ergreifenden, vor bald einem halben Jahrhundert erschienenen Zukunftsroman von George Orwell *1984* heißt es:»Wer der Vergangenheit befiehlt, befiehlt der Zukunft; wer der Gegenwart befiehlt, befiehlt der Vergangenheit.« Sogar freie Geister in Ost-

oder in Ostdeutschland sind sich nicht darüber klar, wie sehr ihre Betrachtung der Vergangenheit noch von den trügerischen Schemen beeinflußt ist, die ihnen in Schule, Universität und Medien ständig auferlegt wurden.

Aber auch in den freiheitlich-demokratischen Ländern war der Weg zur Anerkennung der anderen durch Verzerrungen, durch Entstellungen versperrt. Die hervorragende Arbeit des Braunschweiger Internationalen Schulbuchinstituts erwies sich als kaum weniger schwierig, wenn es um deutsch-polnische Vergangenheit ging als um deutsch-israelische. Allerdings fiel dies auf deutsch-französischem Gebiet leichter, weil hier Vorarbeit von vielen geleistet worden ist. Verdun als Selbstzerfleischung Europas: Diese Erkenntnis ist seit einigen Jahrzehnten durchgesickert unter dem Wall der doppelten Selbstverherrlichung.

Und doch bleibt viel zu tun, um das Verständnis dafür zu verbreiten, daß das gleiche Geschehen heute noch im Rückblick verschieden aufgefaßt und bewertet werden mag. Der Zweite Weltkrieg kann gemeinsam betrachtet werden, sei es nur, weil alle (jedenfalls fast alle!) Hitler verdammen. Aber für Deutschland sind die wichtigsten Daten 1939 – Hitler hat den Krieg entfacht, und unsere Väter haben dies nicht verhindert – und 1945: Dies hat zur Katastrophe geführt, u.a. für die Deutschen. Fazit: »Nie wieder Krieg von deutschem Boden. Nie wieder Krieg auf deutschem Boden.« Für Frankreich sind 1938 und 1940 ebenso bedeutende Daten: In München hat Daladier vor Hitler kapituliert und die Tschechoslowakei verraten, um den Frieden zu retten; dies hat nicht nur den Frieden nicht gerettet, sondern den Krieg beschleunigt und zu Frankreichs Niederlage 1940 geführt. Die französische Schuld: nicht genug Willen, nicht genug Waffen gehabt zu haben, um Hitler, sei es mit Gewalt, den Weg zu verstellen.

Auch weniger Dramatisches bleibt zu erreichen: daß man in Frankreich besser einsieht, was der Dreißigjährige Krieg für die Deutschen bedeutet hat, welches furchtbare Ausmaß an Tod und Zerstörung. Richelieus

Ziel der ständigen Zerstückelung Deutschlands ist in Frankreich nicht mehr Vorbild, aber das Mitgefühl für vergangenes Leiden ist noch unzureichend. Das gleiche gilt für den deutschen Blick, wenn es um die Bedeutung von Jeanne d'Arc geht. Trotz Schillers *Jungfrau von Orléans*. Schlimmer steht es überall in Europa um ein echtes Einsehen des Barbarischen, des Unsagbaren, das den Juden nach der Wannsee-Konferenz angetan wurde.

Um die Gemeinsamkeit im Nachempfinden der europäischen Vergangenheit zu erreichen, soll nicht bekehrt, noch nicht einmal belehrt werden. Nur aufgeklärt. Und dies nicht nur durch nüchterne Vernunft, sondern durch ein Nacherleben, das aus – oft widersprüchlichen – Zeugnissen der Vergangenheit entstehen kann. Ob es sich nun um Erzählungen von Zeitgenossen des Geschehens handelt oder um Darstellungen der folgenden Jahrhunderte, die dem Leser zeigen, wie jede Zeit dem vergangenen Geschehen andere Farben verlieh.

Lebendig zu schildern mit dem Willen, den Leser zugleich wissender und gerechter zu machen anderen Europäern gegenüber, damit es morgen eine verständnisvolle, gemeinschaftsbedachte europäische Gemeinsamkeit geben möge: Diesen Ehrgeiz hat wohl nicht nur die im Urania-Verlag gewachsene, nun im Brandenburgischen Verlagshaus erscheinende neue Buchreihe – aber sie hat ihn besonders stark, und sei es nur, weil der Wille zu Europa in Leipzig und Berlin neuer ist als in Westdeutschland.

Alfred Grosser, geb. 1925 in Frankfurt/Main. In Frankreich seit 1933, Franzose seit 1937. Professor am Pariser Institut für politische Studien. Friedenspreis des Deutschen Buchhandels 1975. Jüngste Veröffentlichungen auf dem deutschen Büchermarkt: Das Deutschland im Westen, dtv 1987 / Frankreich und seine Außenpolitik, dtv 1989 / Mit Deutschen streiten, Hanser 1987 und dtv 1992 / Vernunft und Gewalt. Die Französische Revolution und das deutsche Grundgesetz heute, Hanser 1989 / Verbrechen und Erinnerung, dtv 1993 / Mein Deutschland, Hoffmann & Campe 1993

# DAS TAGEBUCH EUROPAS

# 1945

*Olaf Groehler*

# Die Neue Reichskanzlei

*Das Ende*

Brandenburgisches Verlagshaus

Bildnachweis:
Bundesarchiv Koblenz (6), Bayerische Staatsbibliothek München (4),
Landesarchiv Berlin (1), Manfred Köhler (4), Archiv des Verlages (16)

Autor und Verlag danken dem Bundesarchiv Koblenz, dem Bundesarchiv –
Militärarchiv Freiburg und dem Landesarchiv Berlin für die
Abdruckgenehmigung der Dokumente

Auf der Innenseite des Schutzumschlages
wurde eine Ansicht der Neuen Reichskanzlei von der Voßstraße aus
und ein Grundriß des Hauptgeschosses abgedruckt

Die Deutsche Bibliothek – CIP-Einheitsaufnahme

**Groehler, Olaf:**
1945, die Neue Reichskanzlei: Das Ende /
Olaf Groehler. – 1. Aufl. – Berlin: Brandenburgisches Verlagshaus, 1995
   (Das Tagebuch Europas)
   ISBN 3-89488-087-2
NE: Groehler, Olaf: Neunzehnhundertfünfundvierzig,
die Neue Reichskanzlei

ISBN 3-89488-087-2

1. Auflage 1995
Alle Rechte vorbehalten
© Brandenburgisches Verlagshaus, Berlin 1995
Schutzumschlag- und Einbandgestaltung:
Günter Hennersdorf / Gert Wunderlich
Gesamtherstellung: Offizin Andersen Nexö Leipzig GmbH
Printed in Germany

# Inhaltsverzeichnis

## Der Essay: Die letzten dreizehn Tage    13

## Die Dokumente    73

# Der Essay:
# Die letzten dreizehn Tage

**Freitag, den 20. April 1945:** Vier Tage sind seit dem Beginn der sowjetischen Offensive an Oder und Neiße vergangen. Wie gebannt starrt man im Führerhauptquartier, dessen letzter Zufluchtsort die Bunkeranlagen unter der Berliner Voß- und Wilhelmstraße sind, und in den weiträumigen Bunkeranlagen bei Zossen, wo das Oberkommando des Heeres und das Oberkommando der Wehrmacht residieren, auf die großen Meßtischblätter, in denen farbige Linien, Keile oder Pfeile Auskunft über den Stand der Schlacht zwischen Schwedt, Küstrin, Frankfurt an der Oder und Cottbus geben. Ein tiefes Loch klafft im Nordabschnitt der 9. deutschen Armee, geschlagen durch die 3. Stoßarmee von Shukows 1. Belorussischer Front, das durch eiligst nach Strausberg und Werneuchen gekarrte Volkssturmbataillone geschlossen werden soll. Zugleich bricht aber auch im Süden der 9. Armee die 1. Ukrainische Front mit ihren beiden Gardepanzerarmeen über Cottbus zum Südrand Berlins vor.

Am frühen Morgen meldet der Flugzeugführer einer Focke-Wulf 189, daß sich auf der Straße von Cottbus nach Lübben ein 800 Panzer zählender russischer Verband in Richtung Nordwesten und auf der Straße Calau–Luckau ebenfalls 300 T-34 in Richtung Nordwesten bewegen. Und noch eine Hiobsbotschaft läuft in Zossen ein: seit 08.00 Uhr hat der seit langem erwartete Angriff der 2. Belorussischen Front über den Unterlauf der Oder begonnen. Aus drei Richtungen drücken sowjetische Armeen nunmehr gegen Berlin. In Berlin, das seit zwölf Jahren am 20. April den Hintergrund für eine Selbstdarstellung des Tausendjährigen Reiches abgibt, erinnert an diesem Tag fast nichts an Hitlers 56. Geburtstag. An einer ausgebrannten Ruine die doppelsinnige Losung: »Dafür danken wir dem Führer!«

Der Empfang der NS-Prominenz in der Neuen Reichskanzlei,

der erst am späten Mittag beginnt, da Hitler nicht vor 11.00 Uhr seine Schlafzelle verläßt, gleicht eher einer Kondolenz- als einer Gratulationscour. Zum letzten Mal finden sich an diesem Tag die Paladine des Dritten Reiches scheinbar einträchtig zusammen, die meisten von ihnen werden sich erst auf den harten Anklagebänken des Nürnberger Justizpalastes wiedersehen: der Chef des Oberkommandos der Wehrmacht, Generalfeldmarschall Wilhelm Keitel, Hitlers engster strategischer Berater, Generaloberst Alfred Jodl, Generalstabschef Hans Krebs, der Chef des Heerespersonalamtes Wilhelm Burgdorf, der Oberbefehlshaber der Kriegsmarine, Großadmiral Karl Dönitz, und die Politiker: Propagandaminister Joseph Goebbels, Außenminister Joachim von Ribbentrop, Innenminister und Reichsführer SS, Heinrich Himmler, Rüstungsminister Albert Speer, Hitlerjugendführer Arthur Axmann, der Führer der Deutschen Arbeitsfront, Robert Ley und der Schatten Hitlers, sein Sekretär und Leiter der Parteikanzlei, Martin Bormann.

Die Glückwünsche fallen so dürftig aus wie die Umgebung trist ist. Alle sind unruhig, fühlen sich gehetzt und lauschen auf den Donner der noch fernen Kanonen. Sie erwarten von ihrem Führer lediglich Weisung, wo und wann man sich an einem sicheren Ort wiederfinden wird. Alle rechnen damit, daß auch Hitler Berlin verlassen wird. Göring fragt ihn direkt: »Mein Führer, Sie haben doch nichts dagegen, wenn ich jetzt nach Berchtesgaden fahre.« Ein zunächst sprachloser Hitler murmelt verstört und frostig: »Meinetwegen, fahre los.« Doch bevor Göring Berlin verläßt, kommt es zu einer fast dreistündigen Unterredung mit Heinrich Himmler, der ihm von seinen Kontakten zum schwedischen Grafen Folke Bernadotte berichtet, den er, der Reichsführer, für einen ganz wichtigen Mann hält, der vielleicht sogar direkt vom britischen Premierminister Winston Churchill beauftragt sei. Er, der Reichsführer, sei schließlich der einzige Mann, »der hier die Ordnung aufrecht erhalten kann«. Von Göring will er wissen, ob dieser ihn zum Reichskanzler ernennen würde, falls Hitler etwas zustoßen sollte, oder ob er im Fall eines Ausfalls von Göring sogar die Nachfolge des Führers antreten könne. Göring ist verunsichert und verlegen. »Mein lieber Himmler, wir müssen abwarten. Das hängt von den Umständen ab. Ich wüßte nicht, was mich daran hindern könnte, das Amt zu übernehmen.« Spätestens zu dieser Stunde wird klar, daß es zwei Kandidaten gibt, die zugleich Rivalen sind, die in die Nachfolge Hitlers treten wollen, der in ihren Augen bereits ein politischer Leichnam ist.

Noch einmal begibt sich Hitler aus seinen unterirdischen Betonkammern in die schon verwahrlosten Räume seines Amtssitzes. Über schmutzige, feuchte Treppen steigt er, gebeugt wie ein Greis und die Füße schleppend, in den zum Trümmerfeld umgepflügten Garten der Reichskanzlei, wo vom Reichsjugendführer Arthur Axmann und vom Reichsführer SS Heinrich Himmler herbeizitierte Abordnungen der Hitlerjugend und der SS-Division »Frundsberg« bereitstehen. Die Szenerie ist gespenstisch: ein Hitler, eingehüllt in seinen grauen Mantel mit hochgeschlagenem Kragen, der einem sinnlosen Tod gerade entronnenen Kindern die Wangen tätschelt, als ob er sich von ihrer leibhaftigen Anwesenheit überzeugen wollte, um sie im nächsten Augenblick wieder gleichgültig an die Front zu jagen, damit sie seine Galgenfrist um Tage oder Stunden verlängern, gläubige, offene und begeisterte Gesichter verführter Kinder, die an den Lippen des Zitternden und beschwörend Flüsternden hängen, der ihnen, seinem letzten größeren Publikum, verkündet, daß die Schlacht um Berlin gewonnen werden muß, daß der Sieg kommen werde und daß sie dann ihren Kindern sagen könnten, sie hätten daran teilgehabt. Arthur Axmann meint Willenskraft und Entschlossenheit bei Hitler zu spüren. Hitlers Gruß »Heil Euch«, bleibt unbeantwortet. In der Ferne vernimmt man das Grollen der Front, kaum dreißig Kilometer vor der Stadt.

Haupttagesordnung der großen Lagebesprechung am Nachmittag ab 16.00 Uhr ist die Frage, wie die einheitliche politische und militärische Führung im Rumpfreich Deutschland gewährleistet wird, wenn sowjetische und amerikanische Truppen Nord- und Süddeutschland voneinander trennen sollten. Bereits am 15. April hatte Hitler befohlen, für diesen Fall einen Führungsstab Nord und Süd zu schaffen. Den Befehl im Norden sollte – so sich Hitler im Süden befindet – Karl Dönitz, den im Südraum – falls er im Norden ist – Generalfeldmar-schall Albert Kesselring übernehmen. An diesem Nachmittag setzt Hitler einen Teil dieser Weisung in Kraft: Dönitz be-kommt Vollmacht zur »restlosen Ausschöpfung aller personel-len und materiellen Möglichkeiten im Nordraum«. Der gesamte Staatsapparat, die NSDAP sowie die Wehrmacht wer-den seinem Befehl unterstellt. Dönitz erklimmt an diesem Nachmittag eine wichtige Sprosse seiner Karriere: er wird zum Stellvertreter des in Agonie liegenden Dritten Reiches. Klar ist damit aber auch, daß Hitler sich den Oberbefehl im Süden Deutschlands vorbehält.

Auch um den Fortgang der Schlacht geht es im Bunker. Gegen 18.00 Uhr erobern Konews Truppen Spremberg. Sie be-finden sich damit in unmittelbarer Nähe der Autobahn Berlin – Dresden. Ein nervöser Generalstabschef Krebs verlangt, daß Zossen nun endlich geräumt wird. Hitler entscheidet sich erst einmal für Berlin den Fall »Clausewitz« auszulösen, den be-reits am 9. März 1945 im »Grundsätzlichen Befehl für die Vor-bereitung zur Verteidigung der Reichshauptstadt« vorgesehe-nen Alarmzustand mit dem Eintritt des Belagerungszustandes. Zur Abwehr von Konews Vorstoß aus dem Spreewald wird hin-

*Am 19. März 1945 taucht Hitler aus seinem Bunker nochmals auf und begrüßt das »letzte Aufgebot«, Kinder und Jugendliche, im Garten der Reichskanzlei*

gegen ein Oberst Ernst Kaether vom NS-Führungsstab bestellt, der mit einem eilig zusammengerafften Regiment den verzweiflungsvollen Auftrag erhält, die Linie Kummersdorf – Teupitz – südlich Königswusterhausen gegen russische Panzerkräfte zu sperren.

In Zossen geht es derweil wie im Wespennest zu. Generale, die ihren Untergebenen bisher keinen anderen Befehl zu erteilen wußten, als bis zur letzten Patrone zu kämpfen, sind nur von einem einzigen Gedanken beherrscht: Flucht! Schreiber und Ordonnanzoffiziere packen, verbrennen, bündeln ...

In langen Kolonnen windet sich der flüchtende Zug seit 15.00 Uhr wie ein buntscheckiger Tausendfüßler nach Potsdam und zur Luftschutzschule Wannsee. Unterwegs wird er von deutschen Schlachtfliegern bombardiert, die ihn für die Spitze der 3. sowjetischen Gardepanzerarmee halten.

Der Auszug der Generale bleibt der Ministerialbürokratie nicht verborgen. Doch erst am Abend teilt Bormanns Staatssekretär Kritzinger mit, innerhalb der nächsten beiden Stunden müßten die Obersten Reichsbehörden Berlin verlassen haben, sonst sei die letzte Straße nach Süden blockiert. Nach dem Auszug von etwa 2000 Beamten und Parteiführern am 12. April 1945 durch zwei Reichsbahnsonderzüge, der auf das Stichwort »Thusnelda« erfolgte, erhalten nun die Spitzen der Bürokratie Gelegenheit Berlin zu verlassen.

Nun wird auch in den Ministerien fieberhaft geräumt. Belastendes und Enthüllendes wird verbrannt. Als sich die Autoschlangen schließlich in Bewegung setzen, teilt die Gestapo mit, die Südrichtung sei bereits gesperrt. Nur im Norden sei noch ein Durchkommen. Am Abend dieses Tages wird deutlich, daß die Verteidigung im Vorfeld Berlins zusammengebrochen ist: die 9. Armee unter General der Infanterie Theodor Busse meldet, daß die 1. Gardepanzerarmee der Russen über Fürstenwalde bis zur Reichsstraße 1 bei Kagel, die 2. Gardepanzerarmee aus den Wäldern um Prötzel über Werneuchen bis nach Bernau durchgebrochen sind.

Die Kunde von der Besetzung Bernaus verbreitet sich wie ein Lauffeuer in Berlin. Ein S-Bahn-Zug bleibt nämlich auf offener Strecke zwischen Buch und Röntgental im Artilleriefeuer liegen. Ist Hitler am Tage noch schwankend, ob er ebenfalls Berlin in Richtung der fiktiven Alpenfestung verlassen soll, so entscheidet er sich in dieser Nacht, in der Stadt zu bleiben. »Ich muß hier in Berlin die Entscheidung suchen – oder untergehen« – vertraut er seinen Sekretärinnen an.

**Sonnabend, den 21. April 1945:** Berlin erlebt eine unruhige Nacht. Die vom Zentrum nach Westen führenden Ausfallstraßen sind durch Autokolonnen verstopft. An der Spitze Minister und Staatssekretäre, Bankdirektoren und Aufsichtsratsvorsitzende, Generale und Offiziere. Ihnen folgt der Tross: Staatsbeamte, Funktionäre der NSDAP, Gestapoleute. Sie verlassen die Stadt in Richtung Nordwesten.

Auch Klebe- und Malkolonnen Goebbels sind unterwegs. Die neueste Losung aus der Reichskanzlei: »Die Stunde vor Sonnenaufgang ist die dunkelste Stunde!« Doch auch andere Berliner sind in dieser Nacht auf den Straßen. Zwei von ihnen, der 34jährige Drucker Toni Ruh und der gleichaltrige Werkzeugmacher Paul Land, beide in Berlin großgeworden, als Kommunisten illegal gegen das NS-Regime kämpfend, 1938 nach Großbritannien emigriert und 1944 vom amerikanischen Geheimdienst OSS als Fallschirmagenten angeworben, waren am 2. März 1945 in der Nähe Berlins, bei Altfriesack, abgesprungen und in dieser Nacht unterwegs in Richtung Wandlitz. Dort soll kurz nach 02.00 Uhr ein amerikanisches Flugzeug erscheinen, mit dem sie – letzte Errungenschaft des amerikanischen Geheimdienstes und erstmals in Berlin erprobt – mittels Funksprechverkehr erneut Kontakt aufnehmen sollen. Als Ruh und Land sich in der Nacht aufmachen, beobachten sie das Chaos der Nacht. In einem Wäldchen bei Wandlitz warten sie auf die Ankunft des Amerikaners. Die Stunden verrinnen. Statt des erhofften Flugzeuges beobachten sie brennende Gehöfte und am Morgen, gegen 03.45 Uhr, durch das Gelände brechende Panzer, die sie zunächst für deutsche Tanks halten, ehe sie wahrnehmen, daß es russische T-34 sind. Nur mit Mühe gelingt es ihnen, sich nach Berlin-Weißensee zurückzuschleichen.

In Berlin will die Sonne an diesem Tag nicht aufgehen. Es regnet in Strömen.

Gegen 06.10 Uhr werden die Einwohner der nordöstlichen Berliner Stadtbezirke durch Artilleriefeuer aufgeschreckt. Land und Ruh sind Augenzeugen, wie sowjetische Truppen in der Nacht südlich von Bernau die Reichsstraße 2 überqueren und bei Blumberg und Hönow stehen. In Mahlsdorf gibt es am frühen Morgen Panzeralarm. Drei tollkühne sowjetische Panzerbesatzungen haben sich in eine fliehende Wehrmachtskolonne hineingeschmuggelt, die ersten Panzersperren unbemerkt durchfahren, ehe sie entdeckt und zwei von ihnen zusammengeschossen werden. Durch das Artilleriefeuer aufgeschreckt, wagt Kammerdiener Heinz Linge Unerhörtes. Um 09.30 Uhr hämmert er an Hitlers Schlafzimmertür und teilt ihm mit, daß russische Artillerie auf Berlin schieße. Zehn Minuten später hastet ein völlig verstörter, unrasierter Hitler in den Lageraum, wo ihn General Burgdorf und Luftwaffenadjutant Nikolaus von Below erwarten. »Was ist los? Woher kommt die Schießerei?« herrscht Hitler den General an. Burgdorf hat keine Ahnung. Um Hitler zu beruhigen, erzählt er etwas von schwerer sowjetischer Artillerie, die angeblich nordöstlich von Zossen stehe. Hitler wird bleich! »Sind die Russen schon so nah?« Er will es nicht glauben, vermutet, die Russen hätten eine schwere Eisenbahnbatterie über die Oder gebracht. Er läßt sich mit dem Chef des Generalstabes der Luftwaffe, Karl Koller, in Wildpark Werder-West verbinden. Hitler verlangt sofortige Luftangriffe auf die Eisenbahnbatterie. Es geht um sein Prestige in Berlin. Koller bestreitet die Existenz einer sowjetischen Eisenbahnbrücke über die Oder. Er vermutet, die Russen hätten die Rohre einer deutschen Batterie umgedreht. Doch um Klarheit zu gewinnen, setzt sich Koller mit dem Zoo-Flakbunker in Verbindung. Dort wird ihm mitgeteilt, daß am Morgen eine russische Batterie in Marzahn in Stellung gegangen sei. Sie soll durch die schweren 12,8-cm-Doppelgeschütze des Zoo-Bunkers außer Gefecht gesetzt werden. Doch das Artilleriefeuer schwillt mittags an. Immer neue Batterien schießen sich auf das Zentrum ein.

Von Marzahn sind es rund zwölf Kilometer bis zum Alexanderplatz. Die Rote Armee ist rascher nach Berlin gekommen,

*Weiße Fahnen in den Straßen Berlins*

als man in der Reichskanzlei angenommen hatte, wo man sich der Illusion hingab, Berlin ein Vierteljahr verteidigen zu können. Noch wiegt man sich in dem Glauben, sie vor den Toren der Stadt zu stoppen. Doch die einzige reguläre und kampfkräftigste Einheit der Berliner Garnison ist bereits am 20. April bei Werneuchen zum Gegenangriff eingesetzt und zerschlagen worden, am 21. April werden 15 der besten Berliner Volkssturmbataillone, ausgerüstet mit Beutewaffen und 15 bis 20 Schuß Munition, der Heeresgruppe Weichsel unterstellt. Heinrici meint, diese »bewaffneten Zivilisten« könnten nur in ausgebauten Stellungen eingesetzt werden, drängt aber gleichzeitig darauf, ihm alles an Bataillonen zur Verfügung zu stellen, was nur möglich ist, um die Reichshauptstadt möglichst weit vorne zu verteidigen. Unschwer läßt sich daraus die Vermutung ableiten, daß Heinrici einen endlosen Kampf in der Trümmerwüste Berlin vermeiden will.

In den Vormittagsstunden dringen Divisionen der 3. und 5. sowjetischen Stoßarmee in die Lücke zwischen dem CI. Armeekorps und dem LVI. Panzerkorps der 9. Armee über Malchow – Niederschönhausen bis zur Lichtenberger Siegfriedstraße und über Karow nach Blankenburg und Blankenfelde

vor. Mittags sind Buch und Erkner besetzt. Von Osten her sik-
kern sowjetische Stoßtrupps in Hoppegarten ein. Ursache der
für die Sowjets unverhofften Lücke im östlichen Vorfeld Berlins ist die Angst der beiden Korpskommandeure, General der
Artillerie Wilhelm Berlin und General der Artillerie Helmuth
Weidling, sich in den Hexenkessel Berlin zurückzuziehen. Berlin sucht mit seinem CI. Korps die Stadt nördlich zu umgehen,
Weidling strebt nach Süden in Richtung Müggelsee. Eine
Frontlücke reißt damit auf, die niemand mehr schließen kann.

Es scheint für einige Stunden, als ob Berlin in kürzester Zeit
von der Roten Armee überrannt wird. Selbst ein Goebbels,
zwar stets nervös, aber immer beherrscht, läßt sich von der in
der Stadt breit machenden Panikstimmung anstecken. Am
Ritual der seit Jahren eingeführten, alltäglichen 11-Uhr-Konfe-
renz hält Goebbels auch an diesem Tag fest und lädt die Presse-
vertreter in die Privaträume seiner Wohnung in der Hermann-
Göring-Straße. Doch diesmal schlägt Goebbels einen völlig
anderen Ton an. Seine Rede ist eine einzige Anklage gegen die
alten Offiziere und die Reaktion. Überall wittert er Verrat
oder macht Verrat für die aussichtslose Lage verantwortlich.
Und auch mit dem eigenen Volk glaubt Goebbels abrechnen
zu müssen. Wie sein Herr und Meister Hitler wirft er ihm vor,
es habe versagt. Im Osten laufe es davon, im Westen zeige es
weiße Fahnen. In seiner Hilflosigkeit verlegt er sich aufs Dro-
hen. Nach dem Motto, Leute wie uns treibt man besser nicht
zur Verzweiflung, ruft er aus: »Aber wenn wir abtreten, dann
soll der Erdkreis erzittern.« Und er wird zynisch: »Ich habe ja
niemanden gezwungen, mein Mitarbeiter zu sein, so, wie wir
ja auch das deutsche Volk nicht gezwungen haben. Es hat uns
ja selbst beauftragt. Warum haben Sie mit mir gearbeitet?
Jetzt wird Ihnen das Hälschen durchgeschnitten.« Das ist
seine letzte Hoffnung: Gemeinsame Verbrechen verbinden
mehr als gemeinsame Treue. Für Goebbels ist der eigene
Untergang identisch mit dem Ende der Welt und in diese
Katastrophe möchte er ganz Deutschland und besonders Berlin hineinziehen. Berlin ist auch für Hitler stets eine fremde
Welt geblieben. Die Stadt, in der noch immer die Erinnerungen an die goldenen zwanziger Jahre erhalten geblieben sind,

war ihm ein »rotes Babylon«, ein »Sündenbabel«, ein »Asphaltdschungel.«

In diesen Apriltagen fallen auch die letzten Hüllen, hinter der sich der totale und amoralische Macht- und Herrschaftsanspruch der braunen Diktatur verborgen hatte. Die Clique in der Reichskanzlei macht ernst mit ihrer offenen Kampfansage gegen die Bevölkerung Berlins. Was zwölf Jahre lang möglichst unter dem Deckel der Volksgemeinschaft verborgen gehalten wurde, der Krieg auf dem Kriegsschauplatz Innerdeutschland, wird nun offen und abschreckend praktiziert.

Mit der Verhängung des Belagerungszustandes schwärmen in der Stadt plötzlich fliegende Standgerichte aus, gebildet von SS-Schergen, Feldgendarmerie und NS-Funktionären, die willkürlich, ohne Gerichtsverfahren, an weithin sichtbaren Straßenkreuzungen, an Brücken, auf Verkehrsinseln und auf Plätzen Soldaten und Zivilisten exekutieren, öffentlich strangulieren und zur Abschreckung hängen lassen.

Auf der anderen Seite organisiert man von der Reichskanzlei aus das Chaos. Die Zeitungen geben bekannt, daß jede private Entnahme von Strom und Gas verboten ist und die öffentlichen Verkehrsmittel nur noch mit Sondergenehmigungen benutzt werden dürfen. Nach dem Motto: »Nach uns die Sintflut« werden die Lebensmittelzuteilungen der 75. und 76. Periode aufgerufen, die eigentlich erst Ende April/Anfang Mai fällig sind, und Sonderzuteilungen von Genußmitteln angekündigt. Städtische Einrichtungen, wie die Feuerwehr, beginnen ihre Gerätschaften zu demolieren. Die Sprengung von Kraftwerken wird vorbereitet.

Im Reichskanzleibunker findet man nach dem Vormittagsschock erst nachmittags die Sprache wieder. Um 14.30 Uhr treffen Hitler, Keitel und Dönitz zusammen. Der Großadmiral erhält Erlaubnis, sein Bunkerlager »Koralle« bei Lobetal zu räumen und sich nach Schleswig-Holstein abzusetzen. Aufgelöst wird auch das Stabsquartier der Luftwaffe in Wildpark Werder bei Potsdam. Hitler kommentiert den Vorgang ingrimmig, aber schon ohnmächtig mit den Worten »Man müßte die gesamte Luftwaffenführung sofort aufhängen«. Zu oft hat sie ihn auch in den letzten Tagen im Stich gelassen. Auf jede seiner

Forderungen nach Luftangriffen gegen die roten Panzer-armeen hatte Koller nur resigniert abgewinkt. Die ganze Auf-merksamkeit im Bunker gilt der Lage im Norden Berlins. Hitler und Krebs vermeinen, der tiefe sowjetische Vorstoß biete eine glänzende Gelegenheit zum Gegenschlag. Er soll von einer Ar-meeabteilung geführt werden, die unter dem Kommando von SS-Obergruppenführer Felix Steiner im Raum Liebenwalde steht. Ihre Hauptaufgabe besteht darin, die Frontlücke zwi-schen Eberswalde und Werneuchen zu stopfen und auf diese Weise die nach Westen durchgebrochenen sowjetischen Trup-pen von ihrer Versorgung abzuschneiden. Der Plan hat die Qualität eines Papierkorbentwurfes. Er berücksichtigt weder den Zustand der deutschen Truppen, noch die Intentionen der Generale und SS-Führer, die an hinhaltenden Widerstand den-ken, doch nicht an Gegenoffensive. Hitlers Befehle dünken ihnen schon Ausdruck weltfremden Illusionismus zu sein, die nur noch pro forma gelten.

Hitlers Autorität ist an Macht gebunden, schwindet die Macht, löst sich die Autorität auf.

Steiner wird zwar alles unterstellt, was die Wälder des süd-lichen Mecklenburgs an Soldaten bergen: Panzerjagdeinhei-ten, Luftwaffenhelfer, Rekruten und auch ein Alarmbataillon des Reichssicherheitshauptamtes. Aber es sind keine kampf-kräftigen Divisionen. Zwischen 15.00 und 17.00 Uhr fertigt Krebs die Führerbefehle an den Oberbefehlshaber der Heeres-gruppe Weichsel, Generaloberst Gotthard Heinrici, und an Steiner aus. Der Befehl an Steiner klingt in seinen Schlußphra-sen beschwörend und leicht hysterisch: »Offiziere, die sich dieser Anordnung nicht bedingungslos fügen, sind festzuneh-men und augenblicklich zu erschießen. Sie selbst mache ich mit ihrem Kopf für die Durchführung dieses Befehls verant-wortlich. Von dem Erfolg ihres Auftrages hängt das Schicksal der deutschen Reichshauptstadt ab.« Doch auch dieser Befehl fruchtet nicht. Steiner kann nicht und will nicht. Er ist schon längst davon überzeugt, daß ein Halten der Ostfront nur Sinn macht, wenn den Westmächten dafür die Chance eingeräumt wird, Berlin einzunehmen. Deshalb unterstützt er Himmlers Geheimverhandlungen. Außerdem spekuliert er auf eine deutsche Militärregierung unter dem einstigen Kriegsminister Werner von Blomberg, der seine Beziehungen zum britischen Feldmarschall Bernard Montgomery aktivieren soll.

Hitler läßt Heinrici mitteilen, daß die 9. Armee Konews Panzerkolonnen im Süden Berlins attackieren soll. Fest rechnet er damit, daß die Heeresgruppe im Rückzugsfall mit ihren Armeen und Korps nach Berlin kommen wird. Der bisherige Stadtkommandant von Berlin, Generalleutnant Hellmuth Reymann, wird anstelle von Oberst Kaether mit der Südverteidigung Berlins beauftragt, während Kaether sich an die Spitze der Verteidiger Berlins gestellt sieht.

Bis spät in die Nacht bedrängen Hitler und Krebs Heinrici und Koller alle Kräfte für den geplanten großen Gegenangriff zu mobilisieren. Hitler beschwört: »Sie werden sehen, der Russe erleidet die größte Niederlage, die blutigste Niederlage seiner Geschichte vor den Toren Berlins.« Da die Beschwörungen immer weniger fruchten, scheint es für Hitler nur noch ein Mittel zu geben, wie er von seinen Generalen Gehorsam erzwingen kann: Sie haften ihm mit ihrem Kopf dafür! Doch, wer von ihnen noch einen Kopf hat, mit dem er die Lage überblicken kann, entscheidet sich zwar für das Ja-Sagen, aber für das ungehorsame Nicht-Machen.

**Sonntag, den 22. April 1945:** Seit dem frühen Morgen wird der Generalstabschef der Luftwaffe, Koller, aus dem Reichskanzleibunker befragt, was aus dem Angriff von Steiner geworden ist. Heer und Himmler hätten gemeldet, daß der Angriff begonnen habe. Koller beschließt, Luftaufklärung fliegen zu lassen, obgleich er seine letzten Luftwaffenverbände gegen die Panzerkolonnen Konews im Süden Berlins konzentriert.

Das noch stärkere Artilleriefeuer reißt Hitler schon um 09.00 Uhr aus dem Schlaf. Am Ritual der üblichen 15.00-Uhr-Lagebesprechung wird nichts geändert: Bis auf jene, die nach Hitlers Geburtstag Berlin verlassen hatten, finden sich wie üblich Keitel, Jodl, Krebs, Burgdorf und Bormann samt ihren Adjutanten ein. Die inzwischen aus Berlin ausgewichenen Repräsentanten lassen sich durch ihre ständigen Abgesandten vertreten: die Marine durch den knochentrockenen Admiral

*Überlebende der Hitlerjugend-Bataillone. Viele der 14-, 15- und 16jährigen Jungen starben in Berlin und im Vorfeld der Stadt einen sinnlosen Tod. Ihre Verluste erschienen in keinem Wehrmachtsbericht*

Hans-Erich Voss, Himmler durch den schnoddrigen SS-Gruppenführer Hermann Fegelein, Göring durch den gläubigen Luftwaffengeneralmajor Eckard Christian und Ribbentrop durch den Altnazi und Botschafter Walter Hewel.

Die Konferenz beginnt mit dem üblichen militärischen Lagevortrag. Jodl berichtet über die OKW-Kriegsschauplätze im Westen, Krebs über die Lage an der Ostfront. Was Krebs nach den Tagesmeldungen zu berichten hat, klingt wenig günstig. Die Berliner Vorfeldverteidigung im Osten ist von den Russen durchbrochen worden. Im Norden Berlins sind sie über Buchholz, Heinersdorf nach Pankow vorgedrungen. Zwischen 06.00 Uhr und 08.00 Uhr ist Weißensee besetzt worden. Die Front verläuft am Gesundbrunnen und an der Bernauer Straße. Von Osten und Nordosten sich vorkämpfende sowjetische Divisionen haben große Teile von Lichtenberg und von Friedrichsfelde genommen, Kaulsdorf und Mahlsdorf durchschritten und den Nordteil von Biesdorf erreicht. Der innere Verteidigungsring Berlins ist damit durchbrochen. Im Süd-

osten sind die Sowjets über Erkner bis nach Köpenick vorgestoßen. Ausführlich verbreitet sich Krebs über den einzigen
Lichtpunkt des Tages: Die Wiedereroberung des Bahnhofs Köpenick. Hitler bleibt auch stumm und teilnahmslos, als Krebs
die Lage im Süden Berlins schildert. Von Luckenwalde und
Zossen aus sind sowjetische Verbände bis nach Beelitz –
Güterfelde und Stahnsdorf vorgestoßen. Die südliche Zange
eines Einschließungsringes zeichnet sich damit deutlich ab.
Von der 9. Armee darf nicht mehr viel erwartet werden. Krebs
liest aus einer Tagesmeldung: »Die harten Kämpfe sind ge-
kennzeichnet durch zunehmende Überanspruchung der
Truppe und nicht mehr ersetzbare Ausfälle an Menschen und
Material.« Nach einem zögerlichen Blick berichtet Krebs über
die Lage im Norden Berlins, wo sich die zweite Backe einer russischen Zangenbewegung abzeichnet. In Oranienburg stehen
rote Panzer, ihren Hauptstoß indes haben die Sowjets über Bir-
kenwerder, Hohen-Neuendorf und Hennigsdorf bis in den
Nordteil Spandaus geführt.

Dumpf kommt die Stimme Hitlers: »Verschonen Sie mich
mit Lappalien. Wo steht Steiner?« Er steht auf und beugt sich
über den Kartentisch. Von Steiner liegen keine Nachrichten
vor. Christian teilt im Auftrag von Koller mit, daß Steiner noch
nicht angetreten sei. Die Truppen konnten nicht rechtzeitig
bereitgestellt werden. Erst um 21.00 Uhr soll der Angriff beginnen. Hitler atmet schwer. Er richtet sich auf. Sein Gesicht läuft
dunkelrot an, seine weit aufgerissenen Augen treten hervor. Er
will keine Erklärung, er will einen Erfolg. Er wünscht bedin-
gungslosen Gehorsam und keine Ausflüchte. Er fühlt sich be-
logen und hintergangen. Mühsam beherrscht, fordert er, daß
alle Anwesenden, bis auf Bormann, Burgdorf, Keitel, Jodl und
Krebs, den Lageraum verlassen. Im Mittelgang stehend hören
diese plötzlich Hitlers Stimme anschwellen: laut, schrill,
schreiend, untermischt mit einem weinerlichen Unterton. »Da
hört doch alles auf. Ich kann unter diesen Umständen nicht
mehr befehlen! Der Krieg ist verloren! Aber Sie irren sich,
meine Herren, wenn Sie glauben, daß ich Berlin verlassen
werde. Lieber schieße ich mir eine Kugel durch den Kopf!« Er
beschimpft die Wehrmacht, die SS, macht Verrat, Versagen,

Korruption und Lügen für die Katastrophe verantwortlich. Er sagt, die Truppe kämpfe nicht, die Panzersperren in Berlin seien auf und würden nicht verteidigt.

Erst langsam findet er zu seinem Stuhl zurück, in dem er kraftlos zusammensinkt. Der Wut- und Verzweiflungsausbruch endet in hilflosem Schluchzen. Nur Wortfetzen dringen zu den Umstehenden: »Alles ist aus ... Der Krieg ist verloren ... Ich erschieße mich.« Ernsthaft spielt Hitler wohl in diesen Stunden mit dem Gedanken, seinem Leben ein Ende zu setzen.

Das betretene Schweigen der Anwesenden bricht zuerst Jodl, der fähigste Stratege des OKW. Vorsichtig, aber bestimmt, erinnert er Hitler daran, daß er als Oberster Befehlshaber festgelegte Pflichten gegenüber Volk und Wehrmacht habe, die er nicht einfach von sich werfen könne. Dies ist die Auffassung der meisten Generäle. Als Koller davon erfährt, meint er nur kurz und bestimmt: »So geht es doch nicht!« Es geht ihrer Meinung nicht an, daß sie nun plötzlich ohne Obersten Befehlshaber allein gelassen werden. Die Jodl, Koller, Keitel und Krebs, denen der November 1918 noch 27 Jahre später tief in den Knochen steckt, schreckt in diesem Augenblick vor allem der Gedanke an ein Machtvakuum, an ein Chaos.

So sind alle Generale fest entschlossen, eine Abdankung Hitlers zu diesem Zeitpunkt nicht zu akzeptieren. Sie sind überdies weder bereit, sich mit dem Makel der militärischen

*Adolf Hitler in den Trümmern der Reichskanzlei, April 1945*

Niederlage zu belasten, das haben deutsche Generale stets ihren Politikern überlassen, noch halten sie alle militärpolitischen Chancen schon für restlos verspielt. Und so nimmt an diesem Nachmittag niemand Hitler beim Wort, um dem sinnlosen Krieg endlich ein Ende zu setzen.

Im Gegenteil: Jodl, Keitel, Krebs und Burgdorf gaukeln Hitler vor, noch sei die militärische Lage doch gar nicht so völlig aussichtslos. Sie weisen auf die intakten Armeen in der Tschechoslowakei und in Österreich hin, auf Norwegen und Norddeutschland, auf die politischen Möglichkeiten, packen ihn bei seiner Siegeszuversicht. Doch Hitler winkt ab. In der Furcht, umgestimmt zu werden, schafft er unumkehrbare Tatsachen. Telefonisch diktiert er Goebbels eine zu veröffentlichende Bekanntmachung, in der er den Berlinern mitteilt, daß er sich seit Januar in der Reichskanzlei befinde, Berlin nicht verlassen und bis zum letzten Atemzug kämpfen werde. Zugleich bittet er Goebbels mit seiner Familie in den Bunker überzusiedeln. Seinen Adjutanten, Julius Schaub, beauftragt er, sein geheimes Privatarchiv zu vernichten.

Der Sturm im Zentrum des Zyklon schlägt in den frühen Abendstunden Wellen. Die Nachricht von Hitlers Entschluß unter allen Umständen im Bunker zu bleiben, löst eine Flut von Telefonaten und eine Schwemme von Besuchern aus. Himmler, Dönitz und Ribbentrop telefonieren mit Hitler, im Bunker erscheinen der SS-Obergruppenführer Gottlob Berger und Generalfeldmarschall Ferdinand Schörner. Berger bekommt von Hitler den Rat, alle zu erschießen, die sich ihm in den Weg stellen, Schörner versucht vergeblich, Hitler zum Verlassen Berlins aufzufordern.

Am Abend hat sich Hitler so weit gefaßt, daß er sich auf eine Beratung mit Jodl einläßt, während er das Gesprächsangebot von Keitel schroff zurückweist. Ein verbissen optimistischer Jodl entwirft seinen letzten Schlachtplan: er weist Hitler auf die im April 1945 eroberten Pläne über die künftige Zoneneinteilung hin und mutmaßt, daß die Amerikaner nicht über die Elbe gehen würden. Die an der Elbe und Mulde stehende 12. Armee unter General der Artillerie Walther Wenck sollte herumgeschwenkt werden, um sich südlich von Berlin mit der

9. Armee zu vereinigen und Berlin zu entsetzen. »Nur durch eine solche Tat wird es vielleicht möglich, den anderen zu beweisen, daß wir ja nur gegen die Sowjets kämpfen wollen.« Hitler zuckt nur die Achseln: »Tun Sie, was Sie wollen ... es geht doch alles auseinander, er könne das nicht, das sollte dann der Reichsmarschall machen.« Auf den Einwurf, kein Soldat würde sich finden, mit dem Reichsmarschall Göring zu kämpfen, antwortet Hitler: »Da ist nicht mehr viel zu kämpfen, und wenn es auf's Verhandeln ankäme, das kann der Reichsmarschall besser als ich.« Die Lageeinschätzung Hitlers an diesem Abend ist durchaus realistisch. Ein Hitler konnte nie verhandeln oder debattieren, er kann nur noch monologisieren oder diktieren. Trotzdem ringt ihm Jodl den Entschluß ab, daß Keitel noch an diesem Abend direkt Wenck in seinem Hauptquartier aufsuchen kann, während Jodl zu Steiner fährt und die Leitung des OKW in Krampnitz übernimmt.

Während die deutschen Generale an diesem Abend die Weichen dafür stellen, daß der Krieg um weitere Tage und unersetzliche Opfer verlängert wird, verschlingt der Krieg in Berlin immer weitere Stadtbezirke. An diesem trüben, wolkenverhangenen Sonntag haben alle Geschäfte geöffnet. Lange Schlangen bilden sich vor den Geschäften, um die Sonderzuteilungen in Empfang zu nehmen. Mit einem Pfund Fleisch, einem halben Pfund Reis, Hülsenfrüchten, einem Pfund Zucker und dreißig Gramm Bohnenkaffee soll den Berlinern das Maul gestopft werden.

Sämtliche Barrikaden sind nun endgültig geschlossen, die von Volkssturmmännern bewacht werden. Hitler läßt verkünden, daß jeder, der Maßnahmen, die unsere Widerstandskraft schwächen, propagiert oder gar billigt, ein Verräter ist und augenblicklich zu erschießen oder zu erhängen ist. Ganz besonders harte Strafmaßnahmen werden den Hunderttausenden in Berlin lebenden Ausländern angedroht, mit denen kurzer Prozeß gemacht werden soll, wenn sie die Verteidigung der Reichshauptstadt sabotieren sollten. Standgerichte arbeiten in Permanenz. In aller Öffentlichkeit gehen SS-Kommandos mit brutaler Gewalt gegen Berliner vor, die weiße Fahnen hissen. An der Ecke Prenzlauer Promenade/Kissingenstraße

# Hitlers Bunker unter der Reichskanzlei

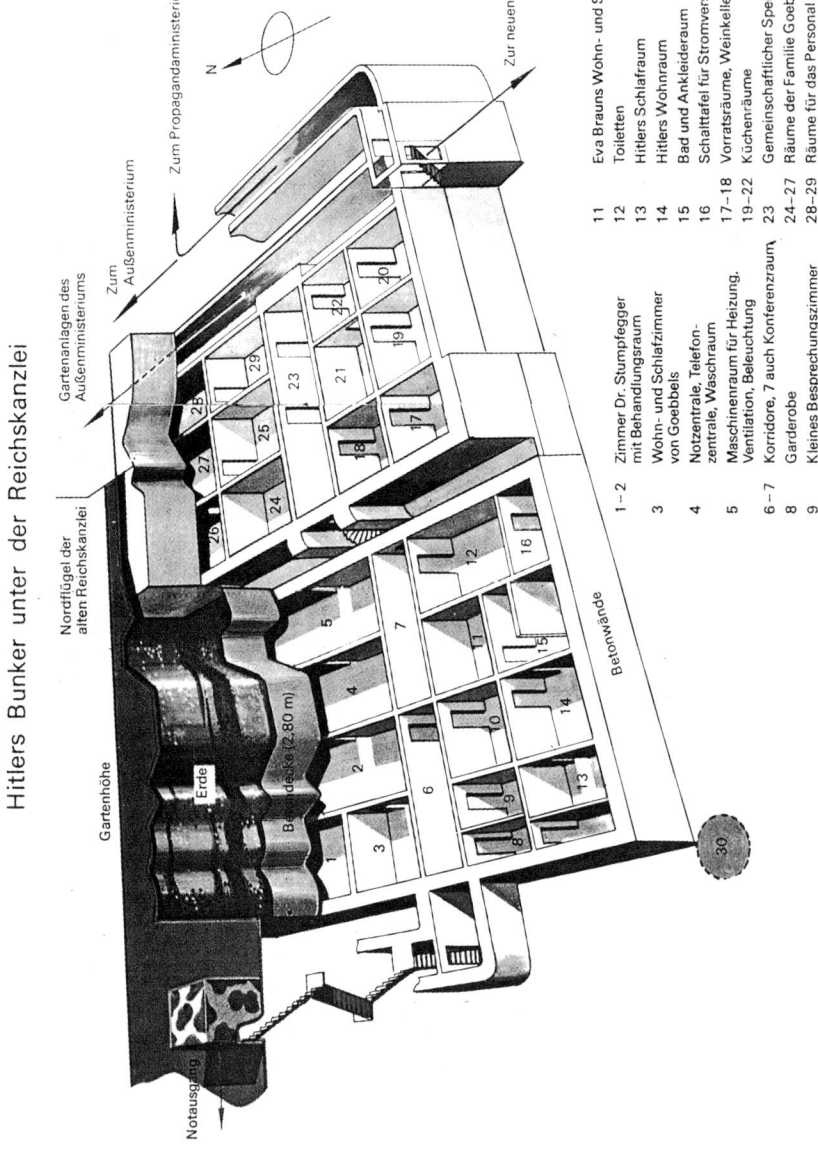

Nordflügel der alten Reichskanzlei

Gartenanlagen des Außenministeriums

Zum Außenministerium

Zum Propagandaministerium

Gartenhöhe

Erde

Betondecke (2,80 m)

Betonwände

Notausgang

Zur neuen Reichskanzlei

| | |
|---|---|
| 1–2 | Zimmer Dr. Stumpfegger mit Behandlungsraum |
| 3 | Wohn- und Schlafzimmer von Goebbels |
| 4 | Notzentrale, Telefonzentrale, Waschraum |
| 5 | Maschinenraum für Heizung. Ventilation, Beleuchtung |
| 6–7 | Korridore, 7 auch Konferenzraum |
| 8 | Garderobe |
| 9 | Kleines Besprechungszimmer |
| 10 | Hitlers Arbeitsraum |

| | |
|---|---|
| 11 | Eva Brauns Wohn- und Schlafraum |
| 12 | Toiletten |
| 13 | Hitlers Schlafraum |
| 14 | Hitlers Wohnraum |
| 15 | Bad und Ankleideraum |
| 16 | Schalttafel für Stromversorgung |
| 17–18 | Vorratsräume, Weinkeller |
| 19–22 | Küchenräume |
| 23 | Gemeinschaftlicher Speiseraum |
| 24–27 | Räume der Familie Goebbels |
| 28–29 | Räume für das Personal |
| 30 | Unvollendeter Betonturm |

wird der Gastwirt Enke wegen dieses Deliktes hingemordet. Rollkommandos fallen in Luftschutzkeller jener Häuser ein, die weiße Fahnen zeigen und verschleppen die männlichen Einwohner. In den U-Bahn-Schächten, den Luftschutz- und Flakbunkern schlagen Zehntausende Berliner Notquartiere auf.

Um 22.04 Uhr erhält Busse von Krebs Befehl, daß er zu seinen allen übrigen Aufgaben auch noch aus dem Raum Cottbus in Richtung Bautzen vorstoßen soll, um sich mit der Heeresgruppe Mitte des Generalfeldmarschalls Schörner bei Bautzen zu vereinigen. Und auch Felix Steiner wird mobilisiert. Heinrici teilt ihm um 22.25 Uhr mit, daß er seinen Angriff in Richtung Wandlitz – Autobahn noch heute Nacht eröffnen muß. »Ich erwarte, daß Sie sich mit aller Energie für das Durchschlagen dieses entscheidenden Angriffs einsetzen.«

Und das Regime entledigt sich in dieser Nacht einiger Männer, von denen es annimmt, sie könnten in einem Deutschland ohne Hitler eine prominente politische Rolle spielen. Aus dem Zellengefängnis Lehrter Straße läßt sich die SS u. a. Klaus Bonhoeffer, Rüdiger Schleicher, Hans John, Oberst Wilhelm Staehle und Albrecht Haushofer ausliefern und ermordet sie durch Genickschuß auf dem naheliegenden ULAP-Gelände.

**Montag, den 23. April 1945:** Zwischen Mitternacht und der ersten neuen Stunde des Tages treffen sich Koller und Jodl. Letzterer unterrichtet Koller ausführlich über die Vorkommnisse in der Reichskanzlei. Der Luftwaffengeneral hält es für dringend erforderlich, seinen in Berchtesgaden sitzenden Chef Göring darüber in Kenntnis zu setzen. Jodl stimmt zu. Um 03.30 Uhr startet Koller von Gatow aus mit einem Flugzeug nach Bayern. Zur selben Zeit trifft Keitel Wenck in der Försterei »Alte Hölle« bei Wiesenburg. Sie vereinbaren, daß die 12. Armee so rasch wie möglich aus dem Raum Treuenbrietzen – Belzig in Richtung Berlin angreift. Die Stimmung im Bunker der Reichskanzlei ist über Nacht umgeschlagen. Statt unmittelbarer Endzeitkatastrophenstimmung herrscht gedämpfter Optimismus. Alle Kraft wird jetzt darauf verwandt, um in Berlin Zeit zu schinden, bis die Rettungsmaßnahmen von außen

## Die Reichskanzlei
(unterirdische Anlagen grau)

Unterirdische Anlagen:

1 Garagen
2 Fahrbereitschaft
3 Werkstatt
4 Büro Kempka
5 Bunker für 80 Kraftfahrer
6 2 PKW und 2 Schützenpanzerwagen
7 Waschräume und Kantine
8 Krankenstation, O. P. und
   zahnärztlicher Behandlungsraum
9 Bunker für ziviles Personal
10 Unterstand für 10 Fahrzeuge
11 Schlaf- und Diensträume
   für Adjutantur und Stab
12 Hitlers Bunker
13 Gang zum Propagandaministerium
14 Gang zum Außenministerium

greifen. SS, Luftwaffe und Marine werden angehalten, Elite-
bataillone nach Berlin einzufliegen. Am eifrigsten betätigt sich
dabei Karl Dönitz, der in Stralsund, Rostock, Sylt, Kiel und Ek-
kernförde Alarmbataillone junger Marinerekruten formieren
läßt, die unzureichend im Infanteriedienst und Häuserkampf
ausgebildet, das bunte Gemisch deutscher Truppen in Berlin
um einen weiteren Farbtupfer vermehren. Genau so wichtig
ist der Umstand, wenigstens Reste regulärer Truppen nach
Berlin zu bekommen. General Weidling hat am 22. April von
Busse Befehl erhalten, sich westlich von Königswusterhausen
mit der 9. Armee zu vereinigen. Im Bunker wähnt man bereits,
Weidling habe Quartier in Döberitz aufgeschlagen, was Anlaß zu seiner sofortigen Absetzung und Erschießung gibt. Ein
in seiner preußischen Ehre zutiefst getroffener Weidling eilt
daraufhin um 18.00 Uhr in den Voßstraßenbunker, erhält von
Hitler Gegenbefehl, sich mit seinen Truppen nach Berlin zurückzuziehen und wird am 24. April 1945 anstelle des zu seinem Stellvertreter ernannten Kaether zum neuen Oberbefehlshaber der Verteidigung der Reichshauptstadt eingesetzt. Weidlings LVI. Panzerkorps hat bis zum 16. April 1945
50 000 Mann gezählt, nun rückt er mit etwa 15 000 Soldaten
in die Trümmerstadt. Sie sind in vier Divisionen gegliedert:
der 9. Fallschirmjägerdivision, die unter Oberst Hermann
zunächst in Lichtenberg steht, der Panzergrenadierdivision
»Müncheberg« unter Generalmajor Mummert, die Karlshorst
verteidigt, die 20. Panzergrenadierdivision unter Generalmajor Scholze in Zehlendorf sowie die 18. Panzergrenadierdivision unter Generalmajor Rauch in Tempelhof. Hinzu tritt
die SS-Panzergrenadierdivision »Nordland« unter SS-Gruppenführer Ziegler, die sich in Oberschöneweide verschanzt
hat sowie die SS-Panzergrenadierdivision »Nederland«, die im
Regierungsviertel steht. Das Regierungsviertel, der Befehlsbereich Zitadelle, untersteht dem Generalmajor der Waffen-
SS Wilhelm Mohnke mit etwa 3500 ausgesuchten Elitesolda-
ten. Er hält sich in unmittelbarer Nähe Hitlers im Bunker der
Reichskanzlei auf. Zwei Unterstäbe, einer im Keller des
Reichsluftfahrtministeriums unter Oberstleutnant Seifert, ein
zweiter unter SS-Führer Krukenberg in der Deutschen Staats-

oper, unterstützen Mohnke. Die Luftwaffe ist in Berlin vor allem durch die 1. Flakdivision unter Generalmajor Sydow vertreten, deren Eckpfeiler die drei Flakbunker im Zoo, im Friedrichshain und im Humboldthain bilden. Die Masse der deutschen Verteidiger indessen machen Alarmeinheiten, Volkssturmkompanien, HJ-Gruppen, Kampfgruppen der verschiedensten Art und Stärke aus, insgesamt wohl kaum mehr als 70 000 bis 80 000 Mann aus. Doch alle Zahlen bleiben nur Schätzungen. Der 23. April leitet, wie in der Reichskanzlei zutreffend erkannt wird, eine kurze Phase des Atemholens ein. Der sowjetische Vorstoß in das Stadtinnere verlangsamt sich, einerseits wegen des sich versteifenden Widerstandes im Häusermeer, andererseits wohl auch der Unlust vieler Rotarmisten geschuldet, von denen niemand der letzte Tote des Krieges sein möchte. Die sowjetischen Generale sehen zum anderen ihre Hauptaufgabe darin, den Kessel um Berlin zu schließen, wobei noch Abstimmungsprobleme zwischen Shukow und Konew hinzukommen, beide vom Ehrgeiz beseelt, Stalin als erste die Einnahme Berlins und die Gefangennahme Hitlers zu melden.

Krebs gibt Hitler nunmehr noch vier Tage Zeit, ehe der Angriff auf die Zitadelle beginnt. Man richtet sich auf eine längere Belagerung ein. Im Bunker werden Massen von Lebensmitteln verbracht, die die Versorgung über Monate sichert. Goebbels gibt an diesem Tage nicht nur bekannt, daß Hitler in Berlin ist und bleibt, sondern droht auch den Berlinern: »Sollten Provokateure oder verbrecherische Elemente versuchen, durch das Hissen von weißen Fahnen oder sonstiges feiges Verhalten in die zur Verteidigung entschlossene Bevölkerung Unruhe zu tragen und ihren Widerstand zu lähmen, so ist dagegen mit allen Mitteln einzuschreiten. Häuser und Wohnungen, die weiße Fahnen hissen, haben kein Recht mehr auf Schutz der Gemeinschaftshilfe und werden entsprechend behandelt werden. Solche Häuser werden Krankheitsbazillen am Körper unserer Stadt, ihre rücksichtslose Bekämpfung ist daher ein Gesetz der Stunde.«

Um der Drohung Nachdruck zu verleihen, werden Exempel statuiert. Auf dem Zionskirchplatz wird der vorher schwer mißhandelte Schneidermeister Friedrich Schwarz auf Befehl des Ortsgruppenleiter Reinhardt gehenkt, weil er am 22. April in der Rheinsberger Straße 31 eine weiße Fahne aus dem Fenster gehängt hatte. In der Schöneberger Reppischstraße wird ein deutscher Soldat am Laternenmast stranguliert. Ein Schild um seinen Hals behauptet, »Ich, Unteroffizier Lehmann, war zu feige, Frauen und Kinder zu verteidigen. Deshalb hänge ich hier.« In der Nähe des Bahnhofes Friedrichstraße hängen erdrosselte junge deutsche Soldaten, keiner älter als neunzehn oder zwanzig. Das Henkerplakat verkündet: »Ich hänge hier, weil ich meine Waffe nicht so gebrauchte, wie es der Führer befahl.« Und auch in den Gefängnissen und Haftanstalten Berlins machen SS und Gestapo tabula rasa. Wer als gefährlicher Gegner des Regimes gilt, wird hingerichtet, per Namenliste, per Augenschein, per Willkür, ob im Untersuchungsgefängnis Moabit, im Kellergefängnis der Großen Hamburger Straße, im Gestapogefängnis in der Prinz-Albrecht-Straße oder im Polizeigefängnis am Alexanderplatz.

Als Hitler das Hissen weißer Fahnen gemeldet wird, erklärt er: »Das deutsche Volk verdient, wenn es so feige und schwach ist, nichts anderes als einen schmählichen Untergang.«

Berlin zerfällt spätestens an diesem Tag in zwei Teile: in die von der Roten Armee bereits besetzten Stadtbezirke, für deren Menschen die Reichskanzlei bereits ein Stück der Vergangenheit wird, und dem noch von der Reichskanzlei beherrschten Stück Groß-Berlins. An diesem Tag gehört der größte Teil von Pankow, sowie Köpenick, Adlershof und Karlshorst nicht mehr zum Dritten Reich. Die Front in der Stadt verläuft in Tegel, am Humboldthain, von der Wollankstraße bis zum S-Bahnhof Schönhauser Allee, am Friedrichshain, entlang des S-Bahnringes vom Bahnhof Landsberger Allee und Frankfurter Allee bis zum Teltow-Kanal. Die U-Bahnlinien C, D und E stellen den Verkehr ein. Die »Morgenpost« und das »12-Uhr-Blatt« erscheinen zum letzten Mal. An ihre Stelle tritt der »Panzerbär«, das letzte Goebbels-Organ Berlins. Der Bezirk Pankow kann schon seine erste Kriegsbilanz ziehen: 450 Einwohner kamen während der Kämpfe durch Kriegseinwirkung um,

**Der Panzerbär**

Lesen und weitergeben!

29. April 1945

KAMPFBLATT FÜR DIE VERTEIDIGER GROSS-BERLINS

# Heroisches Ringen
## Bei Tag und Nacht neue Eingreifkräfte herangeführt

## Der Kampf um den Stadtkern entbrannt

### Entlastungsangriffe laufen

Aus dem Führerhauptquartier, 28. April.

Das Oberkommando der Wehrmacht gibt bekannt:

In dem heroischen Kampf der Stadt Berlin kommt noch einmal vor aller Welt der Schicksalskampf des deutschen Volkes gegen den Bolschewismus zum Ausdruck.

Während in einem in der Geschichte einmaligen grandiosen Ringen die Hauptstadt verteidigt wird, haben unsere Truppen an der Elbe den Amerikanern den Rücken gekehrt, um von außen her im Angriff die Verteidiger von Berlin zu entlasten.

In dem inneren Verteidigungsring ist der Feind von Norden her in Charlottenburg und von Süden her über das Tempelhofer Feld eingedrungen. Am Halleschen Tor und am Alexanderplatz hat der Kampf um den Stadtkern begonnen. Die Ost-West-Achse liegt unter schwerem Feuer.

Fliegende Verbände unterstützen die Kämpfe unter aufopferndem Einsatz der Besatzungen. Trotz stärkster Jagd- und Flakabwehr wurden bei Tag und Nacht Eingreifreserven gelandet und Munition abgeworfen. Unsere Jagd- und Schlachtfliegerverbände vernichteten in den letzten vier Tagen 143 Flugzeuge, 58 Panzer und über 300 Fahrzeuge.

Im Raum südlich Königs Wusterhausen setzten Divisionen der 9. Armee ihre Angriffe nach Nordwesten fort und erwehrten sich während des ganzen Tages konzentrischer Angriffe der Sowjets gegen die Flanken. Die vom Westen angesetzten Divisionen warfen den Feind in erbittertem Ringen auf breiter Front zurück und haben Ferch erreicht.

Westlich Berlin wurde die Linie Brandenburg—Rathenau—Kremmen gegen alle feindlichen Angriffe behauptet.

Im Raume von Prenzlau warfen die Sowjets neue Panzer- und Infanterieverbände in den Kampf und erzwangen unter starkem Schlachtfliegereinsatz tiefe Einbrüche.

Im nordwestdeutschen Raum kam es gestern nur zu örtlichen Kämpfen. In Bremen hält der Kampfkommandant mit dem Rest der tapferen Besatzung den Nordostteil der Stadt.

An der Donau brach der Feind in Regensburg und Ingolstadt ein. Zwischen Dillingen und Ulm setzten die Amerikaner ihren Vorstoß nach Süden fort. Kämpfe sind im Mindel- und im Guenztal im Gange.

Die Armeen in Italien setzten sich hinter den Po und Tessin ab.

Während die Sowjets im Südabschnitt der Ostfront sich auf starke örtliche Vorstöße beschränkten, setzten sie ihre Angriffe im Raum Brünn mit starken Kräften fort und konnten trotz zäher Gegenwehr der Besatzung in die Stadt eindringen.

Nordwestlich Bautzen, wo bei Meißen die Verbindung mit der Westfront an der Elbe hergestellt

## Der längere Atem

Seit fünfeinhalb Jahren lodert die Fackel des Krieges in Europa. Ihr verzehrendes Feuer hat nach Polen ganz Europa, nach diesem Erdteil schließlich noch zwei weitere erfaßt, Asien und Amerika.

Deutschland mußte einerseits die Ketten abzustreifen versuchen, die ihm in Versailles auferlegt waren und ihm jede Lebensmöglichkeit nahmen. Es hat dies seit 1933 in dem denkbar engsten Rahmen getan und peinlichst vermieden, dabei den Kreis der unmittelbar betroffenen Gebiete, d. h. die deutsche Lebens- und Interessenzone zu überschreiten.

Wenn unsere Feinde behaupteten, Deutschland habe eigennützige Machtziele verfolgt und die Unabhängigkeit und Freiheit der kleinen Nationen bedroht, so haben England und Amerika sehr bald durch ihr Verhalten bewiesen, daß ihnen in Wirklichkeit nicht nur nichts an der Freiheit dieser kleinen Nationen gelegen ist, sondern daß sie selbst bereit waren und sind, diese an Stalin zu verkaufen, ja,

wurde, sind unsere Truppen zum Angriff nach Norden angetreten.

Die Sicherungsfahrzeuge der Kriegsmarine versenkten östlich Gotenhafen ein sowjetisches Schnellboot und schossen ein weiteres in Brand. Schwächere amerikanische Kampfverbände führten am Tage Angriffe gegen Orte in Süddeutschland. In der Nacht herrschte über dem Reichsgebiet nur geringe feindliche Kampftätigkeit.

Kleinstunterseeboote versenkten aus dem stark bewachten feindlichen Nachschubverkehr zwischen Themse und Schelde zwei vollbeladene Schiffe mit 8000 BRT.

sie für ihre eigenen imperialistischen Ziele auszubeuten.

Mehr noch! Während die von Deutschland besetzten Feindländer durchaus auskömmlich leben konnten, zum Teil sogar einen fühlbaren wirtschaftlichen und sozialen Aufschwung nahmen, ächzen die „befreiten" Bundesgenossen unter der Hungersnot, Desorganisation und Ausbeutung durch die Engländer und Amerikaner. Besonders groß aber sind die Leiden der Neutralen und jener Völker, die sich dem jüdisch-plutokratischen und bolschewistischen Drahtziehern auf Gedeih und Verderb unterwarfen.

Deutschland ist durch den Verrat klug geworden, dem es 1918 zum Opfer fiel. Es weiß, daß alle Versprechungen der Feindseite nichts anderes bedeuten als den Versuch, unser Volk wiederum völlig wehrlos zu machen und es damit der persönlichen Versklavung und völkischen Vernichtung auszuliefern.

Zu verlieren haben wir nichts mehr. Wir haben alles verloren und würden durch Kapitulation uns selbst, unsere Zukunft, Frau und Kind preisgeben. Wohl aber haben wir die Chance, uns zu behaupten und einst dann unsere Existenz, Familienleben und unseren sozialen Staat wieder aufzubauen, als wir ihn noch in größerem Wohlstand erreichen werden, als wir die vergangenen Kriege bereits genießen konnten.

Dies ist ein fernes, aber ein reales Ziel. Wir wollen es stets vor Augen behalten, wenn die Gegenwart heute Anforderungen an uns stellt, die so fast unerträglich erscheinen mögen, wenn unser Todfeind uns Wunden schlägt, aus denen das Blut unserer Besten fließt.

In Berlin, in den rauchenden Ruinen der Reichshauptstadt

*Kurz vor Kriegsende forderte »Der Panzerbär« zum Durchhalten auf*

510 Gefallene liest man in den Straßen auf, nicht weniger als 450 Selbstmörder müssen aus Wohnungen, Parks oder Dachstühlen geborgen werden. Manchmal sind es ganze Familien mit ihren Kindern, die in diesen Apriltagen den Freitod wählen. Die Motive sind vielschichtig. Viele wollen die nationale Katastrophe, als die sie die Niederlage empfinden, nicht überleben, empfinden den Zusammenbruch des Nationalsozialismus auch als das Scheitern ihrer eigenen Lebensperspektive. Andere übermannt einfach Furcht, Angst und tiefer Schrecken der Rache, den Vergeltungen, den Plünderungen oder Vergewaltigungen sowjetischer Soldaten ausgesetzt zu sein, besonders dann, wenn sie mehr als nur ahnen sondern wissen, was an Grausamkeiten, Schändlichkeiten und Verbrechen im deutschen Namen in Osteuropa begangen worden ist. Hier in Berlin, in der Reichskanzlei, waren vier Jahre zuvor die letzten Entscheidungen zum Überfall auf die Sowjetunion getroffen worden. Nun ist der Krieg mit Feuer und Schwert nach Deutschland heimgekehrt, aufgeladen mit den Schreckensbildern unendlicher Zerstörungen und Verwüstungen, dem Grauen der Vernichtungslager von Auschwitz bis Treblinka, dem Haß, dem Abscheu und Grauen, den der Begriff deutsch in der ganzen zivilisierten Welt auslöst. Obgleich die sowjetische Propaganda den Unterschied zwischen Deutschen und Faschisten hervorhebt, an welchen Merkmalen können die meisten Rotarmisten den Deutschen vom Faschisten unterscheiden?

Wie immer in einem Krieg trifft es Schuldige, Mitschuldige und Unschuldige.

Die ersten Erfahrungen, die die Berliner und besonders die Frauen, mit russischen Soldaten machen, sind fast überall ähnlich. Zunächst der Eindruck einer disziplinierten, kämpfenden Truppe, die zwar mißtrauisch, aber überwiegend korrekt, den Berlinern gegenübertritt. Ihnen folgen aus dem Blickwinkel der Betroffenen unzählige Soldaten, die die Deutschen von ihren Uhren »befreien«, Beute machen und an den Frauen der Besiegten ihre männliche Macht ausüben. Diese Eindrücke überschatten vielfach die einfache menschliche Solidarität vieler russischer Soldaten gegenüber Kindern und Schwachen, denen ein Begriff wie das amerikanische »Nonfraternisation«-Gebot ein Fremdwort bleiben mußte. Die Ausschreitungen der sowjetischen Truppen in Berlin, bei denen man noch heute nicht weiß, ob sie stillschweigend geduldet waren oder die Truppe aus der Kontrolle der Kommandeure geriet, unterdrükken jedenfalls bei vielen Berlinern das Gefühl, dem Krieg nun endlich entronnen zu sein. Die meisten empfinden das Kriegsende nicht als Befreiung und Erlösung vom Joch des NS-Regimes, sondern als Beginn neuer, unberechenbarer Willkür. Selbst in den einst von Kommunisten dominierten Berliner Stadtbezirken, wo das Ende des Dritten Reiches sehnsüchtig erwartet wird, erschüttert das Auftreten der Roten Armee viele Altkommunisten in ihrem Glauben an den neuen Charakter einer sozialistischen Armee. Zu einer Diskussion darüber kommt es nie. Das Thema wird in der Sowjetischen Besatzungszone von Anfang an tabuisiert, kritischen Kommunisten ein Maulkorb angelegt. Es wird vielmehr in der Weise bewältigt, daß einzig und allein die unbestreitbaren, vielfach lebensrettenden Hilfeleistungen der Roten Armee in den Blickpunkt des Interesses gerückt werden.

Es sind in diesen Apriltagen nur wenige in Berlin, die den Vormarsch der Roten Armee uneingeschränkt als Befreiung empfinden: das sind die politischen Häftlinge des Regimes, die illegal in Berlin Lebenden, ob Widerstandskämpfer, Deserteure oder rassisch Verfolgte. Fast 4000 Juden überleben in Berlin den Gaskammertod, der ihnen vom NS-Regime vorherbestimmt war, zumeist durch die Hilfe von Berlinern, die sie verstecken, verpflegen und ihnen Unterschlupf gewähren. Zu ihnen gehört in Berlin-Lichtenberg Hans Rosenthal.

Die Reichskanzlei empfängt derweil immer noch Besuch und steht mit der Außenwelt in Verbindung. Mit einem »Fieseler-Storch« landet Rüstungsminister Albert Speer auf der Ost-West-Achse. Der erste, der ihm kurz nach 16.00 Uhr in den Bunkergewölben begegnet, ist Bormann. Er dringt in Speer, dem Führer doch zuzureden, daß er in Süddeutschland selbst das Kommando übernimmt. Doch Speer, nüchtern genug die aussichtslosen Chancen Hitlers abzuschätzen, rät ihm ab, die Reichskanzlei zu verlassen. Es sei besser, argumentiert Speer, in der Hauptstadt sein Leben zu lassen, statt in »ihrem Wochenendhaus« in Berchtesgaden. Mit diesen Vorstellungen trifft er sich mit Goebbels, der fest entschlossen ist, die letzten Tage im Bunker an der Seite Hitlers als eine Art Götterdämmerung zu inszenieren, um auf diese Weise beider Nachruhm heroisch zu erhöhen. »Unser Ende an dieser historischen Stätte soll als ein leuchtendes Beispiel für Opfermut und Treue in die Geschichte eingehen«, tönt Goebbels.

Speer und Goebbels gelingt es, Hitler auf diese Rolle einzuschwören, in der er eigentlich nicht mehr Akteur, sondern nur noch Statist ist. So erklärt sich auch Hitlers merkwürdige Gelassenheit, als Speer ihm eingesteht, daß er die Ausführung von Hitlers Nerobefehl, der restlosen Zerstörung aller wirtschaftlichen Kraftquellen, sabotiert hat. Selbst in Berlin hat Speer am 15. April 1945 noch versucht, den damaligen Kampfkommandanten Reymann davon abzuhalten, die Berliner Brücken zu sprengen, was indes den sturen Militär mit Hinweis auf die Hinrichtung der für die Nichtsprengung der Brücke von Remagen verantwortlichen Offiziere nur zu der Äußerung ver-

Die Frauen in Berlin: »Ihre Leiden, ihre Entsagung und ihre stille Kraft vergißt die Weltgeschichte nur allzu leicht.« Richard von Weizsäcker in seiner berühmten Rede am 8. Mai 1985 im Deutschen Bundestag

anlaßte, »ihm würde derartiges nicht passieren.« Auch einer zweiten Initiative Speers stellt sich Hitler nicht in den Weg: Tschechische Industrielle sollen mit deutscher Hilfe in das Hauptquartier von Eisenhower nach Paris fliegen, um auf diese Weise vielleicht doch noch eine restlose Besetzung der tschechischen Gebiete durch die Sowjets zu verhindern. Der antichambrierende Außenminister Joachim von Ribbentrop, der eifersüchtig seine überflüssig gewordenen Kompetenzen zu wahren sucht, besteht auf seinem Mitzeichnungsrecht. Im übrigen will im Bunker niemand mehr mit Ribbentrop zu schaffen haben. Goebbels höhnt über ihn: »Ribbentrop hat alle Qualitäten eines Hundes, die Treue wahrscheinlich ausgenommen.« In der Nacht vom 23. zum 24. verschwindet Ribbentrop zu seiner Geliebten nach Hamburg. Den Rest von verbliebener Außenpolitik besorgen nämlich indes andere.

Um 15.00 Uhr hat Göring bei Hitler angefragt, ob die ihm von Jodl und Christian gegebene Information richtig wäre, »wonach Sie in gewissen Entscheidungen auf mich verwiesen hätten und dabei betonten, daß ich, falls Verhandlungen notwendig würden, dazu leichter in der Lage wäre als Sie in Berlin.« Die Reichskanzlei schweigt zu diesem Telegramm. Görings zweites ist fordernder und ultimativer.

Noch während sich Speer im Bunker von Eva Braun und Magda Goebbels verabschiedet, trifft es gegen 22.00 Uhr ein. Er fragt nunmehr an, ob Hitler einverstanden sei, daß er entsprechend der am 29. Juni 1941 festgelegten Erbfolge, »sofort die Gesamtführung des Reiches übernehme mit voller Handlungsfreiheit nach innen und außen.« Falls bis 22.00 Uhr keine Antwort eintreffe, nehme er an, daß Hitler seine Handlungsfreiheit eingebüßt habe. Gleichzeitig setzt Göring Fernschreiben an Ribbentrop und das OKW ab, in denen er unumwunden mitteilt, er werde in Kürze die Nachfolge Hitlers »in allen seinen Ämtern« antreten. »Es muß eine Staatsführung vorhanden sein, soll das Reich nicht zerfallen.« Irgendwie sickert in den Bunker auch das Gerücht, Göring plane, zu Friedensverhandlungen zu Eisenhower nach Paris zu fliegen.

Hitler reagiert auf die Telegramme Görings zunächst apathisch. Das ändert sich in dem Augenblick, als die Telegramme an Ribbentrop und das OKW abgefangen und im Bunker bekannt werden. Nunmehr haben namentlich Bormann, Speer und Goebbels leichtes Spiel. Mit hochrotem Gesicht und stieren Augen entläd sich Hitler ein weiteres Mal.»Ich weiß es schon lange, ich weiß, daß Göring faul ist. Er war korrupt. Zu allem ist er seit Jahren Morphinist. Göring kann ruhig die Kapitulationsverhandlungen führen. Wenn der Krieg verlorengeht, dann ist es sowieso gleichgültig, wer das macht.« Gleichgültig ist es allerdings weder Bormann, der in Göring einen Rivalen im Kampf um die Macht erblickt, noch Speer, der einen weniger abgewirtschafteten und belasteten Nachfolger für Hitler weiß, mit dem er seit Jahren eng zusammenarbeitet: Großadmiral Karl Dönitz, und auch Goebbels nicht, der sich von nichts und niemanden die Gloriole des Nibelungentodes im Bunker rauben lassen will. Zunächst lassen sie Hitler ein Telegramm unterschreiben, in dem Göring jegliche Aktion untersagt wird. Ein SS-Kommando wird in Marsch gesetzt, daß Göring in Berchtesgaden festnimmt. In der Nacht werden die Maßnahmen verschärft. Früh am Morgen des 24. April wird Göring mitgeteilt, daß er Hochverrat begangen habe und sein Leben nur retten könne, wenn er sofort von seinem Posten als Oberbefehlshaber der Luftwaffe zurücktritt. Noch um 22.25 Uhr hatte Bormann Dönitz angerufen und ihn angehalten, unbedingt dafür zu sorgen, daß kein Vertreter der Reichsregierung nach Bayern fliegen dürfe. Speer hatte sich mit dem Kommandeur des legendären Jagdgeschwaders 7, Adolf Galland, in Verbindung gesetzt und ihn gebeten, daß er und seine Kameraden alles tun mögen, damit ein Flug Görings nach Paris verhindert werde.

Bormann teilt seinem lieben Heinrich Himmler mit, auf dessen treuer Ergebenheit die Reichskanzlei zu diesem Zeitpunkt noch fest baut, daß Göring bereits am 20. April gegenüber Botschafter Hewel erklärt habe, jetzt müsse unbedingt gehandelt werden und in Frage käme nur er, weil er mit den Sünden der NSDAP nicht belastet sei, mit der Behandlung der Kirchenfrage, mit den Konzentrationslagern nichts zu tun habe usw. Der Wettlauf der NS-Größen beginnt, wer der Minderbelastetste sei und sich damit Chancen für ein politisches Überleben ausrechnet. Hitler bleibt von diesem Spiel bereits ausgeschlossen.

Ist der Bunker in dieser Nacht vollauf mit sich selbst beschäftigt in einem merkwürdig schizophrenen Kampf um die Erbfolge der Macht, so meldet der Sender »Werwolf« in seinem Nachrichtendienst um 19.00 und 20.45 Uhr, daß der »Führer einen Befehl von historischer Tragweite gegeben hat. Deutsche Truppen marschieren aus dem Westen in die Schlacht um Berlin. Es handelt sich um beste Divisionen, die für Sonderzwecke an der Westfront bereitstanden. Sie haben bereits in die Schlacht um Berlin eingegriffen. Die ersten Verbände befinden sich bereits im Weichbild der Stadt. Damit bekundet das Reich seine Entschlossenheit, Berlin um jeden Preis zu verteidigen, um zu verhindern, daß es von dem asiatischen Sturm überflutet wird. Es kann kein Zweifel bestehen, daß die kommenden Tage, ja Stunden, die entscheidende Wende in diesem Kampf bringen werden.«

**Dienstag, den 24. April 1945:** Gegen 05.30 Uhr wecken schwere Artillerieeinschläge die Insassen des Reichskanzleibunkers. Ab 06.00 Uhr detonieren alle sechs Minuten schwere Granaten in unmittelbarer Nähe des Bunkers. In der Reichskanzlei ist seit heute der Rittmeister Gerhard Boldt von Krebs beauftragt worden, die täglichen Lagemeldungen aus Berlin zusammenzustellen. Er macht sich, verunsichert durch den ständigen Wechsel der Stadtkommandanten, am 23. April war Kaether durch Verwundung ausgefallen, zeitweilig riß der Oberstleutnant Erich Bärenfänger daraufhin das Kommando an sich, ehe endgültig und bis zum bitteren Ende Weidling am 24. April das Oberkommando in Berlin übernahm, daran, in direktem Kontakt mit den acht Abschnittsbevollmächtigten die Frontlage in Berlin zu rekonstruieren. Er benötigt dazu kein Meßtischblatt mehr, ihm reicht ein Berliner Pharusplan. Im Abschnitt A steht die Front an diesem Tag am Friedrichshain und in der Alten Landsberger Allee. Der Abschnitt B verteidigt eine Linie entlang der Frankfurter Allee bis zur Petersburger Straße, am Küstriner Platz und am Schlesischen Bahnhof. Der Abschnitt C reicht vom Treptower Park über den Landwehrkanal bis zur Wiener Brücke. Den größten Druck erfährt der Abschnitt D, wo sowjetische Übersetzversuche über die Wiener Brücke und den Landwehrkanal abgewiesen und die Siemens- und Sundgauer Straße verteidigt werden. Abschnitt E reicht von Kleinmachnow bis Schönwalde, F von der Jungfernheide bis zum Hohenzollernkanal, während Abschnitt G eine Front entlang der Seestraße bis zum Oskar-Platz hält. In der Reichskanzlei verdichtet sich der Eindruck, als ob es gelungen sei, die Innenstadtverteidigung vorerst zu stabilisieren. Man rechnet, noch acht bis zehn Tage den Widerstand fortsetzen zu können.

Die Hauptanstrengungen der Angreifer sind eindeutig darauf gerichtet, den Ring um Berlin zu schließen und alle möglichen Entsatzversuche schon im Keim zu ersticken. Die härtesten Kämpfe erlebt der Südosten Berlin, wo bei Ragow und Mittenwalde alle Versuche der 9. Armee abgeschlagen werden, über Grünau Verbindung mit Berlin aufzunehmen. Die 9. Armee wird vielmehr in den Raum Teupitz – Halbe – Märkisch Buchholz zurückgedrängt. Völlig zusammengebrochen sind alle Angriffe aus dem Norden Berlins. Steiner, den Hitler als »arroganten, langweiligen, entschlußlosen SS-Führer« abqualifiziert, wird durch den General der Panzertruppen Rudolf Holste ersetzt, doch auch dessen zusammengewürfelte Truppen werden von den über Kremmen und Velten nach Nauen vorstoßenden sowjetischen Truppen abgedrängt. Bleibt als einzige Hoffnung die 12. Armee des Generals Walther Wenck, die um 19.45 Uhr Befehl über Angriffsführung für den Kampf um Berlin erhält. Das OKW gibt an diesem Tag auch an alle Heeresgruppen die Weisung heraus, »wonach alle Kräfte gegen den bolschewistischen Todfeind einzusetzen sind, wobei große Geländeverluste gegenüber den Anglo-Amerikanern in den Hintergrund zu treten haben.«

In der Reichskanzlei hält man zur Fortsetzung des Widerstandes zwei Maßnahmen für am dringlichsten: den Aufbau einer Luftbrücke, die seit März 1945 vorbereitet worden ist, und die Zuführung neuer Soldaten. Zwei Flugplätze stehen am 24. April noch zur Verfügung: Tempelhof und Gatow. Tempelhof fällt gegen Mittag aus, nachdem das Rollfeld unter sowjetischem Artilleriebeschuß steht, in Gatow kann der Flugverkehr ebenfalls nur bis 17.00 Uhr normal aufrechterhalten werden, dann liegt auch dort das Flugfeld unter Artilleriefeuer.

Zugleich geben das OKW und Hitler Anordnungen heraus, in denen Truppeneinheiten und hohen Offizieren ihre Abkommandierung nach Berlin befohlen wird. Während Heinrich Himmler Schwerhörigkeit an den Tag legt, andere sich der Ausführung des Befehls im sich ausbreitenden Chaos zu entziehen wissen, teilt Dönitz von Flensburg aus mit, daß er binnen der nächsten 48 Stunden 2000 seiner besten Matrosen auf dem Luftweg nach Berlin schaffen lassen werde und weitere 3500 in Bereitschaft halte. Auch der Inspekteur der französischen Freiwilligen der Waffen-SS, Brigadeführer Dr. Gustav Krukenberg, fühlt sich in die Pflicht genommen. Er, sein Stab und 90 französische SS-Männer rücken nach Um- und Irrwegen noch auf dem Landweg nach Berlin ein, wo er an Stelle von Brigadeführer Jürgen Ziegler das Kommando über die 11. SS-Panzergrenadierdivision »Nordland« übernimmt und zur Verteidigung von »Zitadelle« eingesetzt wird. Ziegler wird abgelöst, weil er verdächtigt wird, mit Steiner im Komplott zu stehen und seine Division aus dem Kessel Berlin herauszuführen. Er wird in der Reichskanzlei unter Hausarrest gestellt und kommt am 2. Mai beim Ausbruchsversuch um.

Als Krukenberg um Mitternacht in der Reichskanzlei anlangt, weiht ihn Krebs in die politische Lage ein. Laut Krebs hätte das OKW Verbindung mit amerikanischen und britischen Stäben aufgenommen. Es sei damit zu rechnen, daß US-Verbände in den nächsten Tagen Berlin vor oder zumindest zugleich mit der Roten Armee besetzen würden. Was Krebs Krukenberg erzählt, ist eine Lüge, an die er selbst nicht glaubt, die er aber wohl zur Stärkung der Durchhaltemoral von sich gibt. Genau derselbe Krebs hatte nämlich zehn Stunden zuvor ein Fernschreiben an alle Heeresgruppen der Ostfront abgesetzt, in dem es hieß: »Verbrecherische Gerüchte aus dem feindlichen Lager behaupten Waffenstillstand mit Amerika und ähnliche, den Kampfwillen lähmende Dinge. Mit aller Schärfe ist gegen diese Gerüchte und ihre Verbreitung einzuschreiten. Der Kampf geht bis zur siegreichen Entscheidung weiter. Der

Führer steht an der Spitze der Entscheidungsschlacht um die Reichskanzlei und damit um das Schicksal des Reiches. Er vertraut auf Kampfgeist und Entschlossenheit des deutschen Heeres. Wir werden dieses Vertrauen nicht enttäuschen. Dieser Funkspruch ist mit allen Mitteln unverzüglich an alle Dienststellen weiterzugeben.« Um das drohende Befehlschaos einzudämmen und zugleich seine eigene Position wieder zu stärken, gibt Hitler in der Nacht vom 24. zum 25. April einen Befehl heraus, der zeigt, daß er wieder allein kommandieren will. Weder die Dönitz erteilten Vollmachten, noch die Kesselrings, sollen in Kraft treten, sondern alle operative Gewalt beim OKW zusammengefaßt werden, dem er noch am meisten vertraut. Auch das Oberkommando des Heeres wird aufgelöst. Die einzige Aufgabe, die Hitler Jodl und Keitel dabei stellt, lautet: »Durch Angriff mit allen Kräften und Mitteln und unter größter Beschleunigung von Nordwesten, Südwesten und Süden her eine breite Verbindung mit Berlin wiederherzustellen und damit die Schlacht von Berlin siegreich zu entscheiden.«

**Mittwoch, den 25. April 1945:** Ein leicht bewölkter, doch warmer, schließlich sonniger Tag zieht über Brandenburg auf. Für die Berliner ist das Wetter schwer auszumachen. Über der Stadt liegen dichte Qualmwolken, ein Gemisch aus Pulverdunst, Brandschwaden, Trümmerstaub. Die Innenstadt ist durch Bombenschäden und Artilleriebeschuß, durch gesprengte Brücken und Überführungen, durch Panzersperren und Barrikaden, durch herabhängende Lichtkabel oder Straßenbahnleitungen fast für jeden Passanten zu einem unpassierbaren Dickicht geworden. Punkt 05.30 Uhr setzt der bisher schwerste einstündige russische Feuerüberfall auf Zitadelle ein, ehe er dann in ein normales Störfeuer übergeht. Die Reichskanzlei verwandelt sich in eine heroische Ruine. Erdboden und die Wände der Keller zittern.

Um 10.30 Uhr findet die erste Lagebesprechung statt. Sie wird eröffnet durch die Mitteilung von Heinz Lorenz, der im Keller des Reichspropagandaministeriums die Aufgabe hat, die Rundfunksendungen des Auslandes abzuhören. Laut Nachricht eines neutralen Senders sei es bei der erstmaligen Begegnung zwischen amerikanischen und russischen Truppen bei Torgau an der Elbe zu Meinungsverschiedenheiten gekommen. Hitler ist elektrisiert. Seine Augen glänzen. Die Wirklichkeit ist vergessen. Er breitet vor dem geschrumpften Kreis der Anwesenden seine politischen Visionen aus. Dabei besitzt er in Goebbels einen glänzenden Assistenten, der ihm die Stichworte liefert.

Nun endlich glaubt Hitler sich einmal mehr in seinem Entschluß bestätigt, daß es richtig ist, in Berlin zu bleiben. »Ich kann nur hier allein einen Erfolg erringen. Erringe ich hier einen Erfolg, und wenn es nur ein moralischer sein sollte, so ist das zumindest die Möglichkeit, das Gesicht zu wahren und Zeit zu gewinnen.« Goebbels pflichtet bei: »Wenn Sie Berlin am Sonntag verlassen hätten, wäre Berlin heute nicht mehr in unserem Besitz... In Berlin kann man einen moralischen Welterfolg erzielen... Daß die Sowjets in Brandenburg einziehen, wird nicht so bedauernd empfunden, als daß Berlin von ihnen in Besitz genommen ist. Wenn sie aber vor Berlin zurückgeschlagen werden, dann wäre das der Grund für ein großes Beispiel der Welt gegenüber.« Goebbels beflügelt Hitler. Er beginnt politisch zu phantasieren. »Ich glaube, es ist der Moment gekommen, wo die anderen sowieso aus Selbsterhaltungstrieb diesem maßlos gewordenen proletarisch-bolschewistischen Koloß und Moloch entgegentreten werden... Schlage ich hier erfolgreich und halte ich die Hauptstadt, so wächst vielleicht die Hoffnung bei den Engländern und Amerikanern, daß man unter Umständen doch mit einem Nazi-Deutschland eventuell dieser ganzen Gefahr würde doch noch entgegentreten können. Und der einzige Mann hierfür bin nun einmal ich.« Seine Selbstüberschätzung teilt Hitler mit den meisten Naziführern, die sich in dieser Situation gleichfalls als die einzigen fühlen, die die Lage meistern können. Was die Konflikte unter den Alliierten anbelangt, die im Kalten Krieg voll zum Ausbruch kamen, scheint es berechtigt zu fragen, war Hitler Prophet oder Phantast? Phantastisch ist auf alle Fälle seine Annahme, das militärisch restlos geschlagene Deutschland könnte als Bündnispartner noch für irgend jemand von Interesse sein.

Erstaunlich und bar jeglicher Kenntnis der Mentalität seiner Kriegsgegner ist auch sein Glaube, die Engländer und Amerikaner können die Koalition gegen ihn urplötzlich wie ein Hemd wechseln. Gewiß gibt es in den USA und Großbritannien Politiker und Militärs, die mit größter Sorge die Ausbreitung des sowjetrussischen Imperiums nach Mitteleuropa betrachten, die es sich intern sogar erlauben, das Szenario eines neuen Weltkrieges durchzuspielen. Und Hitler erahnt solche untergründigen Stimmungen instinktiv, die indes noch weit entfernt davon sind, politikbestimmend zu werden.

Er müßte aus der Geschichte gelernt haben, daß Koalitionen stets so lange zu halten pflegen, bis sie ihr gemeinsames Hauptziel erreicht haben. Und daß gemeinsame Hauptziel aller drei Großmächte besteht in der militärischen Zerschlagung des Naziimperiums. Mögen die ideologischen und politischen Unterschiede zwischen den Partnern der Antihitlerkoalition auch noch so groß sein, niemand wagt angesichts der Verbrechen Nazideutschlands, des millionenfachen Judenmordes, angesichts der Völkerstimmung in der ganzen Welt und angesichts des unmittelbar bevorstehenden Sieges auch nur einen Augenblick daran zu denken, mit Hitler auch nur zu verhandeln. Im Prinzip ist dies Hitler wohl auch durchaus bewußt. Was er als Morgengabe in solche Verhandlungen mindestens einbringen muß, ist ein militärischer Erfolg, ist ein Nachweis für seine Unersetzlichkeit und für seine Einmaligkeit. Eine Wende meint er, kann nur eintreten, »wenn ich dem bolschewistischen Koloß an einer Stelle einen Schlag versetze. Dann kommen die anderen vielleicht doch noch zu der Überzeugung, daß es nur einer sein kann, der dem bolschewistischen Koloß Einhalt zu gebieten in der Lage ist, und das bin ich und die Partei und der heutige deutsche Staat.« Doch wahrscheinlich steckt hinter dieser ganzen ideologischen und antikommunistischen Kostümierung nur die Absicht, einen Vorwand zur letzten Kraftanstrengung zu inszenieren und der Nachwelt eine ewige Legende zu liefern, nach der er, Hitler, auf den Trümmern der Reichskanzlei kämpfend, bis zum letzten Atemzug sein Leben gegen den Bolschewismus eingesetzt habe. Hier beginnt gleichsam die Verklärung des Adolf Hitlers, der –

wie in der Nachkriegszeit von seinen Kampfgefährten oft hervorgehoben – zwar unendliche Fehler beging, aber ein entschiedener, erfolgreicher Gegner des Kommunismus war. Aber war er das? Und war er es aus ideologischen Gründen oder aus machtpolitischer Konkurrenz in der Innen- und äußeren Machtpolitik? Kaum ein anderer deutscher Politiker hat größeren Respekt und Hochachtung vor Stalin bekundet als Hitler, kein anderer deutscher Politiker hat zwischen 1939 und 1941 der Sowjetunion größeren Machtzuwachs geschaffen als Hitler. An diesem 25. April ist es Goebbels, der seinen Führer daran erinnert, daß es auch eine andere Möglichkeit gibt: »Wenn Stalin diese Entwicklung in den Weststaaten auf Grund eines deutschen Sieges in Berlin sieht, dann würde er sich sagen: Das Europa, das ich mir vorstelle, kriege ich nicht. Ich bringe nur die Deutschen mit den Engländern zusammen. Also mache ich mit den Deutschen Kippe und mache irgendein Übereinkommen.« Doch selbst Goebbels Hinweis auf Friedrich den Großen und Leuthen verfängt bei Hitler nicht. Er scheint schon auf seine Legende eingeschworen zu sein, erinnert an den Türkensturm auf Wien und der gelehrige Goebbels begreift. Er verleiht dem Kampf um Berlin die Sinngebung: »Würde der Führer in Berlin einen ehrenvollen Tod finden und Europa bolschewistisch werden – in fünf Jahrzehnten spätestens wäre der Führer eine legendäre Persönlichkeit und der Nationalsozialismus ein Mythos, weil er durch den letzten großen Einsatz geheiligt wäre.«

Was hier an diesem 25. April im Lagebunker geschieht, ist bereits die historische Nachbereitung des Nationalsozialismus, ist ein sorgsam durchdachtes Weihekonzept, der Versuch den wabernden Weltgeist im Bunker einzufangen. Generalstabschef Krebs versucht recht hilflos die Rede auf die besorgniserregende militärische Lage in und um Berlin zu bringen, doch ein Hitler, der sich bereits in die Weltgeschichte eingegangen fühlt, erklärt nur lapidar, in Berlin sehe es schlimmer aus, als es wirklich ist. Dabei ist es schlimm genug. Nicht nur für die Berliner, sondern auch für die Soldaten der Wehrmacht innerhalb und außerhalb der Stadt. Die Oderfront bricht zusammen. Die 9. Armee schreit nach Luftversorgung

und versucht verzweifelt in Richtung Luckenwalde durchzubrechen. Die 12. Armee ist zwar zum Angriff in Richtung Potsdam angetreten, steht aber nunmehr zwischen Beelitz und Michendorf einer fest geschlossenen sowjetischen Abwehrfront
gegenüber. Der Nordangriff des Generals Holste ist nur zwei
Kilometer vorgedrungen und dann vor einer erdrückenden
Übermacht liegen geblieben. Am meisten Sorge macht im
Bunker die Meldung, daß sich die russischen Truppen westlich
Berlins, bei Ketzin, von Norden und Süden kommend, vereinigt haben und sich der russische Druck damit auch von
Westen verstärkt hat. Das Stimmungsbarometer im Bunker
sinkt auf den Nullpunkt, als bekannt wird, daß russische Pan-
zer über Zehlendorf bis nach Neukölln vorgedrungen sind.
Zur Verteidigung der Spandauer Havelbrücken bei Pichelsdorf
setzt Axmann 500 16- bis 17jährige Hitlerjungen ein.

Das Chaos in Berlin wächst. Keiner weiß mehr recht genau,
wo die Front verläuft. In den von der Roten Armee besetzten
Stadtteilen tauchen plötzlich wieder deutsche Einheiten oder
Werwölfe auf. Der U-Bahnhof Alexanderplatz wechselt in diesen Tagen mehrfach den Besitzer. In der Landsberger Allee
schießt SS 130 Frauen und Kinder zusammen, die aus den um-
kämpften Häuserblöcken fliehen wollen. Die letzte U-Bahnlinie
zwischen Wittenbergplatz und Ruhleben stellt den Betrieb ein.

Rittmeister Boldt erkundigt sich bei den Abschnittskom-
mandeuren über die Moral der Truppe. Überall die gleichen
Klagen: die meisten Volkssturmsoldaten fliehen schon bei der
Annäherung sowjetischer Truppen zu ihren Familien in den
Kellern, während die reguläre Truppe zwar hart kämpft, aber
kaum noch Munition besitzt. Im Bunker setzt man nun alle
Hoffnungen auf die Entwicklung von außen. Um 19.00 Uhr gibt
Hitler einen seiner letzten Befehle heraus, adressiert an Jodl
und Wenck. »Die Zuspitzung der Lage in Berlin und die inzwischen eingetretene Abschließung der Reichshauptstadt macht
die schnellste Durchführung aller Entsatzangriffe in den bisher
befohlenen Richtungen zwingend notwendig. Nur wenn ohne
jede Rücksicht auf Flanken und Nachbarn mit Härte und Entschlossenheit die Angriffsgruppen scharf zusammengefaßt
den Durchstoß vollenden, wird es gelingen, die Verbindung der

9. Armee mit Berlin wiederherzustellen und hierbei starke Feindteile zu vernichten.«

Auch an Dönitz wendet sich Hitler in diesen Nachtstunden. Ganz im Sinne der Mittagsbesprechung teilt er ihm mit: »Kampf um Berlin ist deutsche Schicksalsschlacht. Demgegenüber alle anderen Aufgaben und Fronten von sekundärer Bedeutung.« Er fordert Dönitz auf, jeden entbehrlichen Matrosen nach Berlin oder um Berlin zu werfen. Das erste von Dönitz entsandte Marinebataillon wird nachts eingeflogen und von Weidling sofort in den Kampf gebracht. Kurz nach Mitternacht machen sich Generaloberst Ritter von Greim und die Testfliegerin Hanna Reitsch auf dem Flugplatz Neubiberg bei München bereit, mit einer Ju 188 nach Rechlin und von dort nach Berlin zu fliegen.

**Donnerstag, den 26. April 1945:** In Berlin dauern die Straßenkämpfe an, die mit äußerster Erbitterung geführt werden. Den tiefsten Einbruch erzielen sowjetische Truppen im Südwesten Berlins. Dort treten sie um 08.00 Uhr zwischen Teltow und Dreilinden über den Teltowkanal zum Angriff an und besetzen bis zum Abend Machnow, Nikolassee, Zehlendorf, Schlachtensee und Steglitz. In der Steglitzer Markusschule werden noch kurz vor der sowjetischen Besetzung elf Berliner durch Genickschuß liquidiert, weil sie sich den Durchhaltebefehlen widersetzen.

Schwere Kämpfe entbrennen um den Flugplatz Tempelhof, den Stettiner, Görlitzer und den Schlesischen Bahnhof. Meterweise dringen sowjetische Stoßtrupps die Frankfurter Allee entlang vor, morgens stehen sie am Andreasplatz, am Abend stehen sie am U-Bahnhof Schillingstraße.

Die SS gibt die Losung aus, Pardon wird nicht gegeben. Gefangengenommene sowjetische Soldaten werden durch Genickschuß ermordet. Sonderkommandos treiben alle Männer, deren sie habhaft werden können, in das Schlachtgemetzel. Seitdem der Oberbefehlshaber der Heeresgruppe Weichsel, Heinrici, am 23. und 24. April die Beteiligung von Zwangsarbeitern an den Kampfhandlungen der Roten Armee gemeldet hat, gehen Wehrmacht und SS mit ausgesuchter Brutalität

### Soldaten der Armee Wenck!

**Auf Euch ruht eine riesengroße Verantwortung. Das Leben und die Freiheit von Millionen Kindern, Frauen und Männern Eures Blutes und die politische Zukunft des Reiches und der nationalsozialistischen Weltanschauung ist Eurer Tapferkeit und Eurem Kampfwillen anvertraut.**

Die Euch befohlenen Ziele müssen unter allen Umständen erreicht werden, denn auch von anderer Seite her sind Operationen mit dem Ziel im Gange, im Kampf um die Reichshauptstadt den Bolschewisten die entscheidende Niederlage beizubringen und damit die Lage Deutschlands grundlegend zu ändern.
Die Berliner wissen, daß mit Euch besonders gute Divisionen heranrücken, gebildet aus den besten Jahrgängen des deutschen Volkes.

**Ihr werdet sie nicht enttäuschen.**

Schon hat der Feind, überrascht durch Euren Anmarsch, seine Umklammerung an einzelnen Stellen gelockert.

**Laßt jetzt nicht nach!**
**Überwindet alle Schwierigkeiten,**
**laßt Euch durch keinerlei Gerüchte beirren!**

### Berlin kapituliert nie vor dem Bolschewismus!

Die Verteidiger der Reichshauptstadt haben bei der Nachricht von Eurem schnellen Anmarsch frischen Mut gefaßt und kämpfen mit Trotz und Verbissenheit in dem Glauben, bald das Donnern Eurer Geschütze zu hören.

**Der Führer hat Euch gerufen. Ihr seid wie in alten Zeiten des Sieges zum Sturm angetreten. Berlin wartet auf Euch, Berlin sehnt Euch mit heißem Herzen herbei!**

**Schlagt die Bolschewisten, wo Ihr sie trefft! Ein ganzes Volk wird es Euch danken!**

*NS-Propagandaflugblatt*

gegen die annähernd noch 100 000 Köpfe zählenden Zwangsarbeiter in Berlin vor. In der Nähe des U-Bahnhofes Ruhleben werden über 200 Belgier, Holländer und Franzosen zusammengeschossen. Trotz der zunehmenden Einschnürung der Verteidiger in einem immer kleiner werdenden Kessel hebt sich an diesem Tag die Stimmung im Bunker. Es laufen Meldungen von den Fortschritten der Angriffe der Heeresgruppe Mitte unter Schörner im Raum Bautzen ein und auch von Wencks 12. Armee glaubt man, daß sie sich bald mit der 9. Armee vereinigen und dann gemeinsam Berlin entsetzen würden. Bormann setzt in den Morgenstunden ein Telegramm an den Münchener Gauleiter Giesler ab: »Laßt Euch da unten nicht erschüttern, sondern kämpft fanatisch. Wir geben nicht auf, sondern sehen außenpolitische Entwicklung reifen.«

Noch ein zweites Ereignis bestärkt den Bunkeroptimismus: Zwei Ju 52 landen, mit panzerbrechender Munition beladen, um 10.30 Uhr in der Nähe der Siegessäule. Außerdem haben in der Nacht Me-109-Jäger Versorgungsbomben über der Stadt abgeworfen, von denen allerdings nur jede fünfte aufgefunden wird. Um 11.00 Uhr starten die mit Schwerverwundeten

51

beladenen beiden Junkersmaschinen von der Ost-West-Achse. Eine hebt ab, eine zweite streift eine Ruine und stürzt ab.

Inzwischen ist Greim in Berlin-Gatow gelandet. Telefonisch nimmt er Verbindung zum Bunker auf. Von dort erhält er Mitteilung, daß alle Zufahrtsstraßen bereits von den Russen blockiert sind. Schließlich wird gegen 18.00 Uhr ein »Fieseler Storch« aufgetrieben und im Tiefflug suchen Greim und Reitsch in die Zitadelle einzufliegen. Dabei wird Greim schwer verletzt. Auf einer Trage wird er in den Lagebunker gebracht, wo ihm Hitler eröffnet, weshalb er ihn in Berlin zu sehen wünsche. Nochmals beklagt er den Verrat Görings. »Es bleibt mir nichts auf der Welt erspart, keine Enttäuschung, kein Treuebruch, keine Ehrlosigkeit und kein Verrat.« Dem überraschten Greim, der sich seit 1923 dem Nationalsozialismus verschrieben hat, teilt Hitler mit, daß er ihn zum Generalfeldmarschall befördere und zum Oberbefehlshaber der Luftwaffe ernannt habe. Um 22.00 Uhr bereits strahlt der Großdeutsche Rundfunk diese Nachricht aus. Doch Greim, dessen Ernennung auch telegrafisch möglich gewesen wäre, fällt faktisch als Führer der Luftwaffe aus. Drei Tage liegt er ohne jeglichen Kontakt zu seiner Truppe im Bunker, ehe er gemeinsam mit der Reitsch in einem wagemutigen Flug mit einer Arado 96 am 29. April Berlin verläßt und Rechlin erreicht. Greim ist der letzte prominente Besucher im Bunker, dem es noch gelingt zu entkommen. Mit dem Hinweis, den Kampf um Berlin durch die Luftversorgung verlängern zu können, weist Hitler auch Weidlings Vorschlag ab, doch noch einen Ausbruch zu versuchen. Weidling hatte auf die zu Ende gehende Munition und das spurlose Verschwinden Abertausender Volkssturmleute vom Gefechtsfeld aufmerksam gemacht.

Die Stimmung der Bunkerbesatzung faßt der Vertreter von Dönitz am Abend, gegen 20.55 Uhr, in einem Funkspruch zusammen: »In Schlacht um Berlin erfreuliche Erfolge. Armee Wenck aus SW und 9. Armee aus SO. Auch Angriffsgruppe Steiner von Norden macht Fortschritte. Im Stadtbereich Verschärfung der Lage, besonders auf Regierungsviertel liegt laufend schwerstes Artillerie- und Bombenfeuer. Führer erhofft von Operationen außerhalb Berlin Erleichterung der Lage im Stadtgebiet. Alle nur möglichen Maßnahmen müssen schnellstens getroffen werden. Die nächsten 48 Stunden meiner Überzeugung entscheidend.«

Auch Jodl glaubt, durch Luftversorgung der Berliner Besatzung eine Atempause schaffen zu können. Er legt fest, daß 50 Prozent aller Flüge Berlin gelten sollen, 30 Prozent der 9. Armee und 20 Prozent der Potsdamer Garnison. Dem eine Umverteilung zugunsten der 9. Armee verlangenden Heinrici erklärt Jodl um 22.40 Uhr in einem Telefongespräch: »Mit Berlin verlieren wir alles!«

**Freitag, den 27. April 1945:** Schwere sowjetische Artillerie hat sich auf die Reichskanzlei eingeschossen. Es beginnt der zweite Tag russischen Trommelfeuers. Hitler klagt: »Ich kann nicht einmal mehr schlafen: wenn man wirklich einschläft, dann kommt der Beschuß.« An diesem Freitag wechselt die Stimmung im Bunker von Stunde zu Stunde. Den Insassen wird bewußt, daß die Zeit rasend vergeht, sie selbst keine Handlungsmöglichkeit – außer der Kapitulation – haben. Voller Anspannung wird die militärische Lage in Berlin verfolgt, alle Hoffnung indes auf die Außenwelt gerichtet. Im Bunker herrscht das Trugbild, als ob von drei Seiten Entsatzarmeen nahen. Der Morgen beginnt mit heftigen sowjetischen Angriffen. Die Front in Berlin verläuft am Halleschen Tor, an der Jannowitzbrücke und am Alexanderplatz, am Friedrichshain und am Humboldthain. Im Westen Berlins wird um den Bahnhof Witzleben gekämpft, der Grunewald und die Trabrennbahn Ruhleben verteidigt. Alle Hoffnung richtet sich auf Wenck. Goebbels teilt in der Morgenbesprechung mit, Wenck habe sich mit dem Brückenkopf Potsdam vereinigt. Der Vorstoß der Gruppe Holste dagegen dringt kaum voran. Am meisten verstört ist Hitler indessen über das Verhalten der 9. Armee unter Busse. Ununterbrochen beklagt er die ihm unverständliche Rückzugsroute der 9. Armee, die seiner Ansicht mehr nach Norden, in Richtung Berlin, hätte führen sollen. Denn Wenck, dies ist auch Hitler völlig bewußt, ist mit seiner zusammengewürfelten und schlecht ausgerüsteten Armee nicht in der

Lage, den Ring um Berlin zu sprengen. Doch jedesmal, wenn Hitler zu zweifeln anfängt, findet sich prompt ein beflissener Militär, diesmal der Admiral Voss, der Hitler versichert: »Wenck kommt her, mein Führer.« Doch ein hohlwangiger, übernächtigter Goebbels stöhnt dabei nur auf: »Gebe es Gott, daß Wenck herankommt. Mir schwebt eine furchtbare Situation vor: Wenck steht bei Potsdam und hier drücken die Sowjets auf den Potsdamer Platz.« »Und ich bin nicht in Potsdam, sondern am Potsdamer Platz«, stimmt Hitler mißmutig zu.

Hitler löst diese Morgenbesprechung mit den Worten auf: »Ich werde mich heute ein klein wenig beruhigter hinlegen, und ich möchte nur aufgeweckt werden, wenn ein russischer Panzer vor meiner Schlafkabine steht, damit ich Zeit habe, meine Vorbereitungen zu treffen.«

Die militärische Lage am Nachmittag ist noch düsterer geworden. Das große Wort führt nunmehr Mohnke, der Verteidiger von Zitadelle. Die letzten Kräfte werden im Zentrum konzentriert. Auf dem Gendarmenmarkt ist eine schwere Batterie aufgefahren mit Schußrichtung Belle-Alliance-Platz, am Pariser Platz mit Schußrichtung Unter den Linden bis zum Schloß und auf dem Leipziger Platz mit Schußrichtung Spittelmarkt. Die Ausdehnung des Dritten Reiches in Berlin läßt sich nunmehr im Rundblick bemessen. Hitler und Goebbels wird in diesen Minuten recht bewußt, daß der Countdown ihrer Herrschaft abläuft. Sie beschäftigt in diesem Augenblick nicht mehr die Gegenwart, ihre Gedanken schweifen in die Vergangenheit. Hitler hält sich an die Architektur und verkündet, daß er ein völlig anderes, stark mit Bastionen versehenes Regierungsviertel bauen würde, wenn er je dazu noch einmal in die Lage kommen würde. Goebbels pflichtet bei und meint: »Ich glaube, jeder von uns hat sich einiges vorgenommen für sein Leben.« Mohnke kommt zu der tiefschürfenden Feststellung: »Was wir 1933 wollten, haben wir nicht ganz geschafft, mein Führer!« Das gibt Hitler Gelegenheit zu einer tour de horizon seiner zwölfjährigen Herrschaft, seiner Fehler und Versäumnisse, die er vor allem darin sieht, nicht rücksichtslos genug durchgegriffen zu haben. Sein Fazit: »Man bereut es hinterher, daß man so gut ist.«

Krebs kann da nicht folgen. Er macht auf den katastrophalen Zusammenbruch der 3. Panzerarmee aufmerksam und der daraus resultierenden Gefahr, daß der nördliche Entsatzversuch abgebrochen wird. »Ich habe Jodl gesagt, daß uns noch etwa 24 bis 26 Stunden zur Verfügung stehen.«

Was die Insassen des Bunkers nicht wissen können: Zur gleichen Zeit findet bei Fürstenberg eine Beratung zwischen Himmler, Dönitz, Keitel und Jodl statt. Himmler reserviert sich bei dieser Beratung den Platz, den sonst Hitler bei Lagebesprechungen einnahm, was Dönitz lebhaft befremdet, Jodl und Keitel indes veranlaßt, beim Reichsführer SS um einen Lagevortrag nachzusuchen. Auch sonst gebärdet sich Himmler wie ein Regierungsoberhaupt und beginnt Ministerposten zu verteilen. Hintergrund seines Selbstwertgefühls ist der Umstand, daß er seit dem 6. April mit dem Leiter des schwedischen Hilfswerkes, Graf Folke Bernadotte, über einen Waffenstillstand mit den Briten und Amerikanern verhandelt. Auch Himmler hält sich für den einzigen Mann, der das Chaos steuern kann. Was Himmler nicht weiß: am 25. April waren der britische Premierminister Winston Churchill und der amerikanische Präsident Harry Truman übereingekommen, das Angebot völlig zu mißachten. In wenigen Stunden werden die alliierten Rundfunksender darüber berichten. Der wichtigste Entscheid, der in Fürstenberg getroffen wird, betrifft die Fortsetzung der nördlichen Entsatzversuche durch Holste. Hitler hatte erst um 13.20 Uhr befohlen, als Stoßspitze die 25. Panzergrenadierdivision unter Generalleutnant Arnold Burmeister einzusetzen. Nunmehr beschließen die neuen Machthaber im Norden um 17.00 Uhr alle Vorstöße dort einzustellen, die Schicksalsschlacht um Berlin abzubrechen, die 7. Panzer- und 25. Panzergrenadierdivision in Richtung Templin–Prenzlau zum Angriff antreten zu lassen, um wenigstens in Norddeutschland noch eine geschlossene Front aufrechtzuerhalten.

Zum Reichskanzleibunker dringt dieser Entscheid nicht durch. Dort ist man seit 21.30 Uhr vollauf damit beschäftigt, die Lage in Berlin zu ergründen. Krebs stöhnt: »Es war heute ein Tag der Tatarenmeldungen. Ich habe in diesem Krieg Nerven, die dick sind wie Stränge, behalten. Was aber heute an

Meldungen, von den verschiedenen Seiten herankam, war fürchterlich.« Hitler beruhigt Krebs: »Kommunisten arbeiten immer mit falschen Parolen.« Trotzdem ist er besorgt, nicht durch den schlauen Streich irgendeines Russenpanzers Stalin lebend in die Hände zu fallen. Sein letzter Feldherr ist Mohnke. Er legt seine militärische Sicherheit völlig in dessen Hände und erteilt ihm weitestgehende Vollmachten in der Zitadelle. Besorgnis über einen sowjetischen Handstreich gegen den Bunker löst nämlich die Nachricht aus, daß russische Scharfschützen am Potsdamer Platz aufgetaucht und Panzer in die Wilhelmstraße eingedrungen sind. Hitler daraufhin: »Eine Gefahr sind die Schächte von U- und S-Bahn.« Die Angst, daß durch diese Schächte sowjetische Soldaten unbemerkt in die unmittelbare Nähe des Bunkers gelangen können, gibt wohl Anlaß zum Befehl, die Schottenkammern des Landwehrkanals in der Nähe des Anhalter Bahnhofs zu sprengen und die Tunnel der U- und S-Bahn zu fluten. Diese Sprengung gilt über Jahrzehnte in der Stadtgeschichte als einer der letzten und größten Verbrechen der Nazis an den Berlinern, obwohl bereits bei den Aufräumungsarbeiten im Herbst 1945 festgestellt wurde, daß nicht Abertausende in den Tunneln ertranken.

Ansonsten gibt man sich in diesen Nachtstunden im Bunker noch immer der Hoffnung hin, daß Wenck, Busse und Holste kommen werden. Hitler allerdings beklagt sich über die wachsende Insubordination seiner Generäle. Nur Schörner und Wenck gelten ihm als Kerle. »Ich will nur feststellen, wie unmöglich es ist zu führen, wenn jeder Heerführer oder Korpskommandeur tut, was er für richtig hält... So etwas an Ungehorsam hat es in der Partei nie gegeben. Nichtbefolgung eines von mir gegebenen Befehls bedeutete für einen Parteiführer die sofortige Vernichtung und den Stoß ins Nichts. Bei den Russen ist es ebenso.« Goebbels hält zwar das Prinzip für richtig, meint aber, die Russen hätten einen nur mechanisierten Gehorsam, bei den Deutschen indes müßte der Gehorsam ein sittliches Prinzip sein. Erneut verrennt sich Hitler in die Idee, daß nur die ungehorsamen Generale Schuld an seiner Katastrophe tragen, während die Parteiführer in Treue fest sind. Doch in Wirklichkeit ist es genau umgekehrt. Kein General verweigert offen den Gehorsam, während die Spitzen der Partei, von Göring bis Himmler, mindestens den Ungehorsam proben. Bormann folgt dieser Lesart nur zum Teil. Er wittert überall Verrat, als er spätabends in seinem Notizbuch, mit dem wachen Instinkt eines in die Enge getriebenen Raubtieres, gepaart mit dem Willen um jeden Preis zu Überleben, einträgt: »Himmler und Jodl verhindern Eintreffen von Entsatzdivisionen. Wir werden kämpfen und sterben mit unserem Führer, treu ihm bis zum Tod. Andere glauben aus höheren Erwägungen zu handeln, opfern aber ihren Führer, pfui, sie haben alle Ehre verloren.«

**Sonnabend, den 28. April 1945:** In der Reichskanzlei, in der durch den sowjetischen Beschuß sowieso kaum jemand noch schlafen kann, wird die Nacht zum Tage. Krebs gibt um 02.17 Uhr ein Fernschreiben an Jodl auf. »Es bleibt Aufgabe aller im Gebiet zwischen Elbe und Oder kämpfenden Verbände den umfassenden Angriff zum Entsatz der Reichshauptstadt mit allen Mitteln und größter Beschleunigung zum erfolgreichen Ende zu führen. Gegenüber dieser entscheidenden Aufgabe tritt die Bekämpfung des nach Mecklenburg einbrechenden Gegners zurück.«

Um diesem Befehl Nachdruck zu geben, der erst um 12.30 Uhr beim OKW eintrifft, telefoniert Krebs über eine der wenigen noch verbliebenen Leitungen um 03.00 Uhr mit Feldmarschall Keitel. »Am meisten ist der Führer interessiert am Angriff westlich Oranienburg. Wie steht es dort? Kommt Angriff vorwärts? Steiner lehnt der Führer als Befehlshaber dort ab!!! Hat Holste den Befehl dort übernommen? Wenn uns nicht in den nächsten 36 bis 48 Stunden geholfen wird, dann ist es zu spät!!!« Keitel druckst herum, vermeidet klare Antworten, verschleiert den Abbruch des Entsatzangriffes und gesteht nur ein, die 7. Panzerdivision nach Osten abgedreht zu haben. Krebs tobt: »Der Führer erwartet schnelle Hilfe, es sind nur noch höchstens 48 Stunden Zeit. Wenn bis dahin keine Hilfe kommt, ist es zu spät!! Das läßt der Führer nochmals sagen!!!« Keitel spricht nicht mehr von Steiner und Holste, sondern tröstet mit Busse und Wenck, die er mit äußerster

Energie antreiben will. Um 05.00 Uhr bricht die Fernsprechverbindung nach Berlin ab.

Wenck und Busse stellen jedoch keine Hoffnung mehr für den Bunker dar. Wenck stellt sich als Maximalziel die Aufgabe, die eingeschlossene Besatzung von Potsdam zu entsetzen und Verbindung zur 9. Armee aufzunehmen. Bei der 9. Armee regiert offenbar das blanke Chaos. Busse meldet: »Durchbruchsversuch mißglückt. Nur gepanzerte Angriffsspitzen mit wertvollsten Teilen gegen ausdrücklichen Befehl anscheinend nach Westen durchgebrochen. Übrige Angriffsgruppe unter empfindlichen eigenen Verlusten zum Stehen gebracht und teilweise geworfen. Körperlicher und seelischer Zustand von Offizier und Mann, sowie die Munitions- und Brennstofflage gestatten weder erneuten planmäßigen Durchbruchsangriff noch langes Durchhalten.«

In Berlin dauern die erbitterten Straßenkämpfe an. Immer enger ziehen die sowjetischen Truppen die Schlinge um das Regierungsviertel zu. Sie brechen in den letzten inneren Verteidigungsring von Zitadelle ein, erreichen den Königsplatz nördlich des Reichstages, überqueren den Landwehrkanal und stoßen zum Potsdamer Platz, zum Halleschen Tor, zum Belle-Alliance-Platz und zum Knie vor. Im Süden Berlins verdichten die Sowjets ihren Abwehrkordon gegen einen befürchteten Durchbruch von Wencks 12. Armee. Aus Grunewald, Ruhleben und Friedenau wird die Wehrmacht verjagt. Das Rückgrat der Berliner Innenstadtverteidigung bilden die drei Flakbunker im Zoo, Humboldthain und Friedrichshain, die mit ihren überschweren Geschützen in den Erdkampf eingreifen.

In der Reichskanzlei bleibt man bis 16.30 Uhr von allen Verbindungen mit der Außenwelt abgeschnitten. Informationen über die Berliner Frontlage holt Rittmeister Boldt durch Telefonate bei Berlinern ein. Er informiert Hitler, daß sich die Aufteilung des Kessels Berlin in mehrere Unterkessel abzeichnet. Der Ostkessel umfaßt große Teile des Stadtbezirks Mitte sowie Teile des Prenzlauer Bergs und Friedrichhains, ein Westkessel, im wesentlichen Wilmersdorf, sowie isolierte Gruppen um die Pichelsdorfer Havelbrücken und auf der Pfaueninsel.

Wichtigste Informationsquelle bleiben die von Heinz Lorenz

und seinem Mitarbeiter Wolfgang Beige im Propagandaministerium abgehörten ausländischen Rundfunkmeldungen. Radio Stockholm gibt in seinen Morgennachrichten eine Reuterinformation weiter, laut der Himmler den USA und Großbritannien ein Kapitulationsangebot gemacht hat, was diese unter Hinweis auf eine Gesamtkapitulation auch gegenüber der UdSSR abgelehnt haben. Um 16.50 Uhr erkundigt sich Dönitz beim OKW, ob dort etwas über das Kapitulationsangebot von Himmler bekannt sei. Dort weiß man von nichts und Dönitz telefoniert um 17.20 Uhr direkt mit Himmler, der frech lügt und behauptet die Nachricht wäre unwahr, er wolle jedoch kein Dementi angeben, sondern die Meldung ignorieren. Im Bunker will auch niemand an einen Verrat Himmlers glauben, als um 18.00 Uhr die abendliche Lagebesprechung stattfindet, in der sich das Bild verdichtet, daß von außen mit keiner Hilfe zu rechnen ist. Doch um 19.00 Uhr platzt Lorenz mit einer neuerlich abgefangenen Direktmeldung von Reuter, die Himmlers Kapitulationsangebot bestätigt. Diese Nachricht löst im Bunker einen Sturm der Entrüstung aus und trifft Hitler noch schwerer als das Ultimatum Görings vom Dienstag. Er verfällt in einen haltlosen Wutanfall, voller Haß und Verachtung und bezeichnet Himmlers Vorgehen als den schamlosesten Verrat der deutschen Geschichte. Bormann höhnt: »Ich habe schon immer gewußt, man darf die Treue nicht auf dem Koppelschloß, sondern muß sie im Herzen tragen.« Himmlers als Verrat angesehenen Verhandlungen besiegeln auch das Schicksal seines persönlichen Vertreters im Bunker, des 38jährigen SS-Gruppenführers Hermann Fegelein, der sich im Juni 1944 durch Heirat mit der Schwester von Eva Braun, Gretl, in den innersten Kreis Hitlers katapultiert hatte. Im Gegensatz zu der fanatischen Bunkergemeinschaft, die wortreich bekundet, mit dem Führer in Berlin unterzugehen, hat Fegelein ganz entschieden nicht die Absicht, im Bunker zugrundezugehen. Seit dem 26. April hat er sich in seine Privatwohnung in der Bleibtreustraße 4, in der Nähe des Kurfürstendammes, zurückgezogen, um dort das Kriegsende abzuwarten. Am 27. April war er von SS-Brigadeführer Johann Rattenhuber, Chef der SS-Wachen Hitlers, aufgespürt und in den Bunker verbracht worden. Bei der Hausdurchsuchung stellt die SS einen wohlgefüllten Koffer mit Schmuck und Gold, über 100 000 Reichsmark und über 3000 Schweizer Franken sicher. Die Fluchtabsicht Fegeleins dünkt Hitler als erwiesen, der ein Kriegsgerichtsverfahren anordnet. Nach Himmlers Verrat erscheint indes Fegeleins Verhalten in einem völlig neuen Licht. Er gilt Hitler als Mitwisser und wird auch dafür als mitschuldig angesehen, daß SS-Führer Steiner nicht den russischen Ring im Norden Berlin durchbrach. Da er des Himmlers nicht habhaft werden kann, hält sich Hitler an den Fegelein. Er befiehlt dessen Exekution im Garten der Reichskanzlei, die um 23.00 Uhr vollstreckt wird. Es ist das letzte Todesurteil des Adolf Hitler, der in einem Zustand hoher, fast pathologischer Erregung in das Krankenzimmer humpelt, in dem die Krankenbahre Greims steht. Er teilt ihm den Verrat Himmlers mit, befiehlt ihm sofort den Bunker mit einer Arado 96 zu verlassen, Himmlers Festnahme und Liquidation zu bewerkstelligen und die letzten Bomberkräfte zusammenzuziehen, um die russischen Bereitstellungen auf den Zufahrtsstraßen der Reichskanzlei zu vernichten. Tatsächlich gelingt es Greim und der Reitsch, Berlin in dieser Nacht auf dem Luftweg zu verlassen.

Krebs und Bormann indessen setzen am späten Abend ein Fernschreiben an Wenck ab. Himmler, heißt es darin, wolle unser Volk bedingungslos den Plutokraten ausliefern. »Eine Wende kann nur vom Führer selbst herbeigeführt werden und nur von ihm.« Wenck wird erneut aufgefordert, unverzüglich nach Berlin durchzubrechen, damit der Führer auf diese Weise »innen- und außenpolitische Handlungsfreiheit für Verhandlungen gewinnt.«

Kurz vor Mitternacht beauftragt Goebbels seinen Staatssekretär Naumann, einen Standesbeamten zu besorgen. Er wird ausfindig gemacht in der Gestalt des 38jährigen Walter Wagner, sonst in Pankow für die Müllabfuhr und Schulverwaltung zuständig.

**Sonntag, den 29. April 1945:** Tag und Nacht sind im Bunker nicht mehr zu unterscheiden. Seit Tagen hat ihn keiner mehr verlassen. Nur das Dröhnen und die Erschütterungen schwerer

Einschläge, die den Bunker erzittern lassen, geben Kunde von der Oberwelt. Nachdem sich Hitler von der Exekution Fegeleins vergewissert hat und der Notstandesbeamte Wagner im Bunker erschienen ist, finden sich im Lagezimmer fünf Personen zusammen: Hitler, seine langjährige, stets versteckte Geliebte Eva Braun sowie die beiden Trauzeugen Goebbels und Bormann. Gegen 01.00 Uhr heiraten Hitler und Eva Braun. Hitler entbindet sich damit selbst seines Grundsatzes, daß er es aus Popularitätsgründen nicht verantworten könne, sich mit einer Frau zu verbinden, weil er das Idol aller deutschen Frauen bleiben wollte. Zum Feiern nehmen sich die Vielbeschäftigten wenig Zeit, es besteht auch kein Grund dafür. Zwar wird ein Hochzeitsmahl gereicht, alte Erinnerungen beschworen, doch geht es wie im Taubenschlag zu. Gratulanten kommen und gehen, Bormann eilt vielbeschäftigt durch die Bunkerzellen und Hitler selbst zieht sich um 02.00 Uhr mit seiner jüngsten Sekretärin, Traudl Junge, zurück. Er diktiert ihr aus dem Stegreif sein politisches Testament.

Es ist das Schriftstück eines gealterten Unbelehrbaren, der auch im Angesicht des Todes krampfhaft an seinen Wahnvorstellungen festhält, die er fünfundzwanzig Jahre zuvor konzipiert hat. Der eigentlich Schuldige für Krieg und auch seine Niederlage ist für ihn das Judentum, das den Krieg gegen seinen erklärten Willen entfesselt habe. Ganz offen gesteht Hitler in dieser Nacht den millionenfachen Judenmord ein, wenn er schreibt: »Ich habe weiter keinen darüber im Unklaren gelassen, daß dieses Mal nicht nur Millionen Kinder von Europäern der arischen Rasse verhungern werden, nicht nur Millionen erwachsener Männer den Tod erleiden und nicht nur Hunderttausende an Frauen und Kindern in den Städten verbrannt und zu Tode bombardiert werden dürften, ohne daß der eigentlich Schuldige, wenn auch durch humanere Mittel, seine Schuld zu büßen hat.« So wie Auschwitz hier zu einer humanen Tötungsanstalt stilisiert werden soll, appelliert Hitler zugleich an die Nachwelt und fixiert die schriftliche Grundlage eines Nazimythos, indem er der Hoffnung Ausdruck gibt, daß in der deutschen Geschichte »so oder so einmal wieder der Samen aufgehen (werde) zur strahlenden Wiedergeburt der nationalsozialistischen Bewegung und damit zur Verwirklichung einer wahren Volksgemeinschaft«. Im zweiten Teil seines politischen Testaments regelt er die Nachfolgefragen. Er verstößt Göring und Himmler, setzt Dönitz als Reichspräsidenten und Oberbefehlshaber der Wehrmacht ein, bestimmt Goebbels zum Reichskanzler, Bormann zum Parteiminister und Karl Saur anstelle von Speer zum Rüstungsminister. Schörner wird Oberbefehlshaber des Heeres, Greim Chef der Luftwaffe. Auch Außenminister Ribbentrop verliert in diesem Schattenkabinett seinen Posten an Seyß-Inquart.

Ein privates Testament bestimmt Bormann zum Vollstrecker, und setzt NSDAP oder den Staat zu seinem Erben ein.

Um 04.00 Uhr unterzeichnen Bormann, Goebbels, Burgdorf und Krebs die Testamente als Zeugen.

Kurz danach, gegen 04.55 Uhr, setzen Bormann und Krebs Telegramme an Dönitz, Keitel und Heinrici ab. »Auslandspresse berichtet von neuem Verrat. Von Ihnen erwartet Führer, daß Sie blitzschnell und stahlhart durchgreifen, ohne Unterschied.« Wenck, Schörner und die anderen Kommandeure sollen ihre Treue zu Hitler durch schnellen Entsatz von Berlin unter Beweis stellen.

Hitler selbst glaubt nicht mehr an einen Entsatzangriff. Die Amtsgewalt im Bunker übernimmt Bormann, der sich nach Ausschaltung aller Mitwettbewerber als politische Schlüsselfigur ansieht. Denn auch Goebbels ist fest entschlossen, Hitler nicht überleben zu wollen. In einem Zusatz zum Testament Hitlers schreibt Goebbels um 05.30 Uhr, erstmals weigere er sich kategorisch, einen Befehl Hitlers auszuführen. Seine Frau und seine Kinder schließen sich dieser Weigerung an. Und so ist es Bormann, der gemeinsam mit Krebs, die Truppenführer ununterbrochen antreibt, etwas zur Entlastung der Bunkerinsassen zu tun.

Im Bunker werden indessen um 08.00 Uhr drei Männer verabschiedet: Der Major Wilhelm Johannmeier soll Hitlers Testament Schörner überbringen, Heinz Lorenz in das Braune Haus nach München bringen und der SS-Standartenführer Wilhelm Zander zu Dönitz nach Plön. Die Informationen von Krebs und die Lagebeschreibung Weidlings in der Mittagslage klingen

dramatisch. Der Überblick über die Gesamtlage ist verlorenge-
gangen. Von Interesse im Bunker sind nur noch die Nachrichten über die unmittelbare Nachbarschaft. Gegen 10.00 Uhr
wird gemeldet, daß ein russischer Panzerangriff nur etwa 400
bis 500 Meter vor der Reichskanzlei zum Stehen gebracht worden sei. Ansonsten wird nur bekannt, daß schwere Kämpfe am
Belle-Alliance-Platz, in der Potsdamer Straße, der Kant- und
der Bismarck-Straße stattfinden. Eine Verbindung zwischen
General Reymann in Potsdam und Wenck soll bei Alt-Geltow
noch bestehen. Weidling macht klar, ohne verbesserte Luftversorgung bricht der Widerstand bald zusammen. Hitler weiß
nun, ihm verbleiben nur noch wenige Stunden. Er verspricht
Weidling einen besonders dringlichen Erlaß für die Luftversorgung herauszugeben, sollte sich die Lage nicht ändern, gibt er
Weidling freie Hand, einen Ausbruchsversuch zu unternehmen, für sich selbst schließt er jegliche Beteiligung daran aus,
man würde nur von einem Kessel in den anderen geraten. Drei
Generalstabsoffiziere, darunter Rittmeister Boldt, werden als
Sonderbeauftragte zu Wenck geschickt, um ihn über die ver-
zweifelte Lage in Restberlin zu unterrichten und möglicherweise als Pfadfinder für den Stoß zur Reichskanzlei zu dienen.
Um 13.30 Uhr verlassen sie den Bunker. Jede Verbindung mit

*Hitlers Arbeitszimmer in der durch Luftangriffe und Beschuß zerstörten Reichskanzlei*

der Außenwelt fällt wiederum aus. Im Bunker fühlt man sich von der Außenwelt verraten und verkauft. Jedermann gilt nun als verdächtig. Einen solchen Verdacht hegt auch Hitler, als er kurz vor 16.00 Uhr seinen Lieblingsschäferhund »Blondi« durch Professor Haase und Feldwebel Tornow vergiften läßt. Die Giftampullen waren nämlich in Laboratorien hergestellt worden, die Himmler unterstanden. Hitler will sich selbst von der Wirksamkeit überzeugen. Um 16.02 Uhr gibt Dönitz' Vertreter im Bunker, Admiral Voß, ein Telegramm auf: »Jede Außenverbindung mit Heeresstellen abgeschnitten. Erbitte dringend über Marinefunkweg Unterrichtung über Schlacht außerhalb Berlin.« Bormann schlußfolgert viel weitergehender: »Verräter Jodl, Himmler und Generäle liefern uns den Bolschewiken aus.«

Um 16.00 Uhr setzt Jodl eine vage Funklagemeldung an die Reichskanzlei ab. Von der 9. Armee weiß er nichts. Wenck wähnt er bei Potsdam mit Druck in Richtung Berlin. Von der Heeresgruppe Weichsel kann er nur melden, daß sie weit rückwärts eine neue Front aufzubauen versucht.

Im Bunker kann man damit wenig anfangen. Aus der Berliner Innenstadt wird gemeldet, die Russen stoßen durch die Saarlandstraße und die Wilhelmstraße vor und stehen kurz vor dem Reichsluftfahrtministerium. Im Bunker ist man fest davon überzeugt, daß die Reichskanzlei eines der Hauptziele der sowjetischen Angriffe ist. Hitlers Sorge wächst, er könnte lebend ergriffen und als »Exponat im Moskauer Zoo« oder in einem Schauprozeß vorgeführt werden. Seine Furcht ist indessen insofern unbegründet, da nach allen auch heute verfügbaren Informationen die Reichskanzlei, Objekt 106 des sowjetischen Kriegsplanes, für Shukow und Konew ein eher beiläufiges Ziel ist, dem keine hohe Priorität beigemessen wird. Alle Anstrengungen der Roten Armee richten sich auf die Einnahme des weithin sichtbaren Reichstages, für sie die Inkarnation des Dritten Reiches, dessen Brand im Februar 1933 die braune Diktatur einleitete und der mit dem um seine Brandstifter in Leipzig geführten Prozeß Georgi Dimitroff als den Sieger über die Görings und Goebbels sah. Vielleicht sind es auch nur schlichte taktische Gründe, die die Reichskanzlei den Sowjets als zweitrangig erscheinen lassen. Sie liegt inmitten eines eng bebauten Gebietes und setzt die mühsame und verlustreiche Eroberung von Trümmergrundstück zu Trümmergrundstück voraus, während das Gelände um den Reichstag den großzügigen Einsatz verschiedenster schwerer Waffen erlaubt. Hitler indessen meint, die Gefangennahme seiner Person stände an der Spitze sowjetischer Pläne. Um 19.52 Uhr will er Klarheit und setzt einen Funkspruch an Jodl ab: »Es ist mir sofort zu melden: 1) Wo sind die Spitzen von Wenck? 2) Wann greifen sie an? 3) Wo ist die 9. Armee? 4) Wohin bricht die 9. Armee durch? 5) Wo sind die Spitzen von Holste?«

Statt einer Antwort flüstern die sich im Bunker Gebliebenen hinter vorgehaltener Hand die Nachricht zu, daß »Benito Mussolini und seine Geliebte Clara Petacci von italienischen Partisanen hingerichtet worden sind.« ». . . an den Füßen aufgehangen« – diese Worte unterstreicht Hitler in der ihm hineingereichten Mitteilung.

Bormann weiß, weshalb keine Hilfe kommt. Er telegrafiert an Dönitz: »Nach unseren immer klareren Eindrücken treten die Divisionen vom Kampfraum Berlin seit vielen Tagen auf der Stelle statt Führer herauszuhauen. Wir bekommen nur Nachrichten, die von Teilhaus (gemeint ist Keitel – O. G.) kontrolliert, unterdrückt oder gefärbt werden. Wir können im allgemeinen nur über Teilhaus senden. Führer befiehlt, daß sie schnellstens und rücksichtslos gegen alle Verräter vorgehen.« Am 30. April, um 03.15 Uhr, wird das Telegramm in Plön aufgenommen.

Um 03.30 Uhr folgt ein kurzer Nachsatz Bormanns, der bereits Kommendes ankündigt: »Der Führer lebt und leitet Abwehr Berlin.«

**Montag, den 30. April 1945:** Keitel beantwortet um 01.00 Uhr die Fragen Hitlers. Sie lassen sich in einem Satz zusammenfassen: alle Angriffe auf Berlin an keiner Stelle fortgeschritten, vielmehr eingestellt worden. Damit ist jede Hoffnung auf Entsatz hinfällig geworden.

Hitler verbringt nur eine kurze Nacht. Wieder alle Gewohnheit befiehlt er General Mohnke kurz nach 06.00 Uhr zur Lagebesprechung. Seine erste Frage lautet: »Mohnke, wie lange können Sie noch durchhalten?« »24 Stunden, mein Führer«, antwortet dieser und berichtet Hitler, daß die Russen die Wilhelmstraße erreicht, in die U-Bahnschächte unter der Friedrichstraße und sogar unter der Voßstraße eingedrungen wären, den größten Teil des Tiergartens besetzt hielten und am Potsdamer Platz kämpften. Völlig aus der Optik von Mohnke ist es, daß die Rote Armee um 05.00 Uhr zum Großangriff auf den Reichstag angetreten ist, auf dessen Kuppel um 13.50 Uhr die Sergeanten Jegorow und Kantarija das rote Siegesbanner hissen, für die sowjetischen Soldaten das Symbol des militärischen Triumphs in Berlin.

Hitler wandert in diesen Stunden ruhelos durch die Katakomben der Reichskanzlei. Ihn entsetzt der Gedanke an den eigenen Tod, »von allen ›schwersten Entschlüssen‹ seines Lebens war der bevorstehende, den er mehrfach als Bagatellsache hingestellt hatte, offenbar der allerschwerste«, schreibt sein Biograph Joachim Fest.

Mittags findet die letzte Lagebesprechung statt. Der Ring ist sehr eng geworden. Um das Rote Rathaus wird gekämpft, um den Bahnhof Friedrichstraße und um den Anhalter Bahnhof, um die Leipziger Straße und um den Potsdamer Platz. Knapp hundert Meter von der Reichskanzlei entfernt verläuft die Front. Weidling bittet nunmehr um die Genehmigung zum Ausbruch. Hitler erteilt sie als seinen letzten Führerbefehl. Er soll in kleinen Gruppen erfolgen. Die Ausbrecher hätten sich der noch kämpfenden Truppe anzuschließen oder den Kampf in Wäldern fortzusetzen. In drei Gruppen soll er ab 22.00 Uhr beiderseits der Heerstraße über die Havelbrücken bei Spandau versucht werden.

Um 14.00 Uhr nimmt Hitler sein letztes Essen im Kreis seiner Sekretärinnen, von Eva Braun und seiner Diätköchin Constance Manzialy, ein. Er bleibt seinen vegetarischen Gewohnheiten treu und läßt Spaghetti mit leichter Tomatensauce auftragen. Kurz nach 15.00 Uhr verabschiedet sich das Ehepaar Hitler endgültig von den engsten Mitarbeitern, darunter Goebbels, Bormann, Krebs, Burgdorf, Hewel und Voß.

Was sich dann, wenige Minuten vor 15.30 Uhr im Wohnzim-

*Ausgang des Bunkers der Reichskanzlei im rückwärtigen Garten. Hier verbrannten SS-Wachen die Leichen Hitlers und Eva Brauns*

mer Hitlers abspielt, kennt keine Zeugen. Wie Hitler zu Tode kam, war in fünf Jahrzehnten Gegenstand vielfacher Vermutungen, in die auch stets politische Kalküle hineinspielten. Dönitz gab am 1. Mai die Legende aus, Hitler sei im Kampf um Berlin gefallen. Das war eine Lüge. Von sowjetischer Seite wurde seit den sechziger Jahren behauptet, Hitler hätte Gift genommen und nachträglich einen Fangschuß befohlen, wobei eines der Hauptmotive dieser Version darin bestand, einen politischen Verbrecher wie Adolf Hitler auch moralisch zum Feigling zu stempeln. Andere Forscher gingen davon aus, daß sich Hitler selbst durch eine Pistolenkugel getötet hätte. Eine letzte Variante ging vom kombinierten Selbstmord auf zweifache Weise (mittels Kugel und Giftkapsel) aus. Jüngste sowjetische Angaben über verschiedene Obduktionsberichte legen die Annahme nahe, daß Hitler sich selbst erschossen hat, während Eva Braun Gift nahm. Im Garten der Reichskanzlei werden die Leichen des Ehepaars Hitler unter Benutzung von 200 Litern Benzin zwischen 16.00 und 22.30 Uhr »bis auf kleine Reste« eingeäschert, eine restlose Beseitigung seiner Überreste, wie von Hitler angeordnet, unterbleibt in jenen apokalyptischen Tagen des Unterganges des NS-Regimes in Berlin, wo fast jedermann an sein eigenes Überleben denkt. Kurz vor 23.00 Uhr werden die verkohlten Reste beider Leichen auf eine Zeltplane geschoben, in einen Granattrichter geschüttet und mit einem Holzstampfer festgestampft.

Im Bunker übernehmen nunmehr Goebbels und Bormann die Geschäfte. Goebbels unternimmt es, den schon vor Tagen geäußerten Gedanken in die Tat umzusetzen, ob nicht mit den Sowjets »Kippe« zu machen wäre. Bormann hingegen will Zeit gewinnen, um freies Geleit zum Flug nach Plön zu erhalten. General Weidling, der sich wiederum willig fügt, wird gegen 20.00 Uhr in der Abendbesprechung der Tod Hitlers mitgeteilt und jeglicher Ausbruchsversuch verboten. Bormann informiert Dönitz um 20.14 Uhr in einem bewußt unklar gehaltenen Telegramm, daß ihn Hitler anstelle Görings zu seinem Nachfolger eingesetzt habe.

Um 23.00 Uhr stellt einer der Kommandeure von Zitadelle, Oberstleutnant Seifert, Kontakt zur 35. sowjetischen Gardeschützendivision her. Er verfügt über eine Vollmacht Bormanns, die ihn berechtigt, Ort und Zeitpunkt eines Überganges von General Krebs auf die sowjetische Seite festzulegen.

**Dienstag, den 1. Mai 1945:** Um 01.22 Uhr gibt Dönitz eine Treueerklärung für den längst verscharrten Hitler. »Mein Führer! Meine Treue zu Ihnen wird immer und unabdingbar sein. Ich werde daher weiter alle Versuche unternehmen, um Sie in Berlin zu entsetzen.« Um 03.50 Uhr erscheint Krebs in Begleitung des Stabschefs des LVI. Panzerkorps, Oberst Theodor von Dufving, im Befehlsstand von Generaloberst Tschuikow in Tempelhof, Schulenburgring 2. Krebs, einer der besten Rußlandkenner von Reichswehr und Wehrmacht, meint die sowjetischen Militärs mit der sensationellen Eröffnung überrumpeln zu können: »Sie sind der erste Ausländer, dem ich mitteile, daß Hitler am 30. April Selbstmord begangen hat.« Tschuikow verzieht wie ein Pokerspieler keine Miene und blufft Krebs mit der trockenen Feststellung: »Das ist uns bereits bekannt.«

In dem stundenlangen Gespräch stehen sich zwei Standpunkte gegenüber: Tschuikow und Sokolowski verlangen im Auftrag Stalins die bedingungslose Kapitulation in Berlin und

*Generalstabschef Hans Krebs als Unterhändler am Morgen des 1. Mai 1945 vor dem Haus Schulenburgring 2*

in ganz Deutschland, Krebs möchte Garantien für die Bildung einer neuen Regierung und Kontaktaufnahme zu Dönitz. Der vage Kompromiß, der schließlich gefunden wird, geht von der Kapitulation aus und einer gewissen Sonderstellung der Regierungsmitglieder, die nicht als Gefangene betrachtet werden sollen, denen vielmehr die Möglichkeit einer Kontaktaufnahme zu Dönitz eingeräumt wird und die über Rundfunk ihre Konstituierung als neue Regierung bekanntmachen dürfen. Zwischen 13.00 und 14.00 Uhr erstattet Krebs Goebbels und Bormann Bericht über die Verhandlungen. Goebbels lehnt ab: »Ich habe einmal Berlin gegen die Roten erobert, ich werde es bis zum letzten Atemzug gegen die Roten verteidigen. Die wenigen Stunden, die ich noch als deutscher Reichskanzler zu leben habe, werde ich nicht dazu benutzen, meine Unterschrift unter eine Kapitulationsurkunde zu setzen.«

Um 14.46 Uhr unterrichten Goebbels und Bormann Dönitz nunmehr vom Tod Hitlers und der vorgesehenen neuen Regierung. Gegen 18.00 Uhr überbringt ein SS-Obersturmbannführer General Tschuikow eine Mitteilung von Krebs und Bormann, in dem das Scheitern der Verhandlungen und die Wiederaufnahme der Kampfhandlungen angekündigt wird.

Goebbels selbst ist nunmehr entschlossen, seinem Leben ebenfalls ein Ende zu setzen. Gegen 18.00 Uhr läßt die Familie

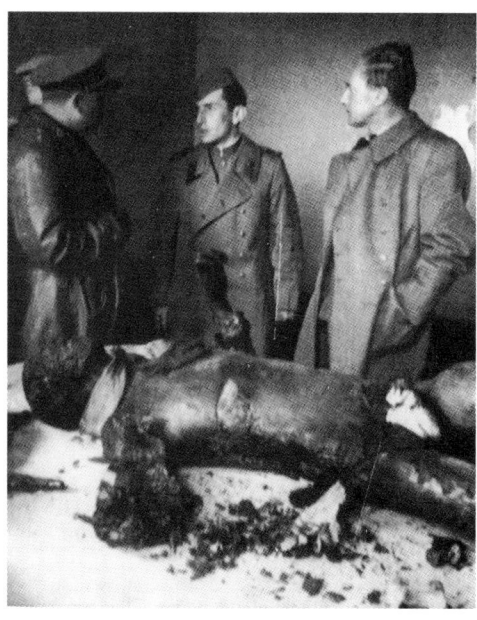

*Goebbels' verkohlte Leiche
wird von Admiral
Hans-Erich Voß, dem
Vertreter der Kriegsmarine
im Führerhauptquartier
identifiziert*

Goebbels ihre sechs Kinder im Alter zwischen 13 und viereinhalb Jahren durch Gift töten, zweieinhalb Stunden später lassen sich Magda und Joseph Goebbels erschießen und im Reichskanzleigarten verbrennen. Auch die beiden letzten ranghohen Militärs, Burgdorf und Krebs, begehen nach einem reichlichem Alkoholgelage eine Stunde später Selbstmord. Die Reichskanzlei stirbt langsam aus. Weidling ruft um 21.30 Uhr seinen Stab zusammen. Sie beschließen, den Widerstand in Berlin einzustellen.

General Mohnke plant ab 23.00 Uhr mit 800 Mann der Leibstandarte »Adolf Hitler« aus dem Kessel Berlin in Richtung Neuruppin auszubrechen. Ihnen schließen sich die letzten überlebenden Würdenträger der Reichskanzlei wie Bormann, Axmann und Hewel sowie der Troß der Reichskanzlei an. Die meisten von ihnen geraten am 2. Mai in einer Brauerei in der Prinzenallee in Gefangenschaft, Hewel begeht Selbstmord wie Martin Bormann an der Sandkrugbrücke und nur Axmann gelingt es, sich in die bayrischen Alpen zu flüchten.

**Mittwoch, den 2. Mai 1945:** Ab 00.40 Uhr läßt Weidling fünfmal einen offenen Funkspruch senden, der die Kapitulation

*Nach der Kapitulation
verlassen Einwohner und
Wehrmachtangehörige die
U-Bahn-Schächte*

der Berliner Garnison ankündigt. Parlamentäre sollen sich um 12.50 Uhr auf der Potsdamer Brücke treffen. Auf dem Gefechtsstand Tschuikows kapituliert Weidling um 05.57 Uhr.

Die Keller- und Bunkergewölbe der Reichskanzlei sind nach dem Ausbruch der Gruppe Mohnke verlassen und leer. Nur der Hausmeister Johannes Hentschel hält sich in der Katakombe auf. Die Reichskanzlei wird nicht in einem heroischen Sturm sowjetischer Truppen erobert, sondern eher beiläufig ab 09.00 Uhr von Ärzten und Schwestern eines sowjetischen Sanitätskorps »besetzt«, ehe ab 10.00 Uhr die ersten Suchtrupps des militärischen Geheimdienstes der Roten Armee im Bunker der Reichskanzlei auftauchen, um das Schicksal Hitlers, das Geheimnis seines Todes und die Stätte seiner Beerdigung aufzuspüren. Ihre Erkenntnisse verschwinden über Jahrzehnte als Staatsgeheimnisse ersten Ranges in den Archiven des NKWD und harren bis heute der endgültigen Klärung.

*Sowjetische Soldaten im Gebäude der Reichskanzlei, Mai 1945*

Berlin, 2. 5. 45.

B e f e h l .

Am 30. 4. 45. hat sich der Führer selbst entleibt und damit uns, die wir ihm die Treue geschworen hatten, im Stich gelassen.
Auf Befehl des Führers glaubt Ihr noch immer um Berlin kämpfen zu müssen, obwohl der Mangel an schweren Waffen, an Munition und die Gesamtlage den Kampf als sinnlos erscheinen lassen.

Jede Stunde, die Ihr weiterkämpft, verlängert die entsetzlichen Leiden der Zivilbevölkerung Berlins und unserer Verwundeten. Jeder, der jetzt noch im Kampf um Berlin fällt, bringt seine Opfer umsonst.
Im Einvernehmen mit dem Oberkommando der sowjetischen Truppen fordere ich Euch daher auf, sofort den Kampf einzustellen.

( Weidling )

General der Artillerie
und
Befehlshaber Verteidigungsbereich Berlin

*Der Befehl Helmuth Weidlings zur Einstellung der Kampfhandlungen*

# Die Dokumente

## Zur Baugeschichte der Reichskanzlei

*Schreiben des Reichsfinanzministers Lutz Graf Schwerin-Krosigk
an die Deutsche Central-Kredit-Aktiengesellschaft vom 25. Januar 1935*

Das Reich hat Interesse an dem Grundstück Voßstr. 2. Ich bitte um
recht baldige Mitteilung, ob Sie bereit sind, das Grundstück zu verkaufen und zutreffendenfalls zu welchen Bedingungen.

(BA Koblenz, R 2, Nr. 23915)

*Schreiben des Chefs der Reichskanzlei, Hans-Heinrich Lammers,
an Finanzminister Schwerin-Krosigk vom 16. Oktober 1936*

Nach Mitteilung des Architekten Speer, der vom Führer und Reichskanzler mit der Ausführung der Erweiterungsbauten der Reichskanzlei
betraut ist, soll der ganze Plan für die Bauten innerhalb von 3–4 Jahren
durchgeführt werden. Der Bauplan wird sich in vier Abschnitte glie-
dern, und zwar soll Bauabschnitt 1 die Grundstücke 2, 3, 4 und 5 der
Voßstraße umfassen, Bauabschnitt 2 die Grundstücke 6 und 7, Bauabschnitt 3 die Grundstücke 8–15 und Bauabschnitt 4 die Grundstücke
16–19 der Voßstraße und 15 und 16 der Hermann-Göring-Straße. Bei
diesem Plan wird sich empfehlen, die Grundstücke Voßstraße 6–7 bis
gegen Ende des Jahres 1937 und die übrigen Grundstücke, soweit sie
nicht bereits angekauft sind, bis gegen Mitte des Jahres 1938 in das
Eigentum des Reiches zu überführen.

(BA Koblenz, R 43 II / 1055 a)

*Aus den Erinnerungen von Albert Speer über seine Beauftragung
für den Bau der Neuen Reichskanzlei*

Ende Januar 1938 empfing mich Hitler offiziell in seinem Arbeitszimmer: »Ich habe einen dringenden Auftrag für Sie«, sagte er feierlich,
mitten im Raum stehend. »Ich muß in nächster Zeit wichtigste Besprechungen abhalten. Dazu brauche ich große Hallen und Säle, mit denen
ich besonders kleineren Potentaten imponieren kann. Als Gelände
stelle ich ihnen die ganze Voß-Straße zur Verfügung. Was es kostet, ist

*Obwohl die Planungen für die Neue Reichskanzlei schon längere Zeit liefen,*
*benötigten die Bauarbeiter nur knapp ein Jahr für die Fertigstellung des Prachtbaus.*
*Die Baustelle 1938*

mir gleichgültig. Aber es muß sehr schnell gehen und trotzdem solid gebaut sein. Wie lange brauchen Sie? Anderthalb oder zwei Jahre wären
mir schon zu viel. Ich will den nächsten Diplomatenempfang in der
neuen Kanzlei machen.«

(Albert Speer, Erinnerungen, Frankfurt a. Main – Berlin – Wien 1969, S. 116)

*Der offizielle Erlaß Hitlers zum Bau der Neuen Reichskanzlei*
*vom 27. Januar 1938*

Ich ordne an, daß das Gesamtbauvorhaben in der Voßstraße im Rohbau bis zum 1. August fertiggestellt und am 1. Januar 1939 bezugsfertig
ist.
Alle der Einhaltung dieses Termins entgegenstehende Schwierigkeiten
sind zu beseitigen. Die zu diesem Bau notwendigen Arbeiten und Ma-
terialbeschaffungen sind vordringlich vor allen vorliegenden Aufträ-
gen mit größter Beschleunigung durchzuführen. Sämtliche Behörden
sind angewiesen, zur Erreichung dieses Bauzieles der Bauleitung die
notwendige Unterstützung zu geben.

(BA Koblenz, R 43 II / 1052)

*Mitteilung des Chefs der Reichskanzlei, Hans-Heinrich Lammers,*
*an Finanzminister Schwerin-Krosigk vom 11. März 1938*

Der Führer und Reichskanzler hat angeordnet, daß das Gesamtvorhaben in der Voßstraße bis zum 1. August d. J. im Rohbau fertiggestellt und am 1. Januar 1939 bezugsfertig ist. Er hat dabei zum Ausdruck gebracht, daß alle der Einhaltung des Termins entgegenstehenden Schwierigkeiten zu beseitigen sind ...

Der Architekt Professor Albert Speer hat für die Einzelabschnitte

| | | |
|---|---:|---:|
| a) Voßstraße 1 | 392 200.00 RM | |
| Voßstraße 2/3 | 1 301 174.26 RM | |
| Voßstraße 4/5 | 1 185 760.12 RM | |
| Inneneinrichtung: | | |
| Voßstraße 2–5 | 348 104.00 RM | 3 427 238.38 RM |
| b) Voßstraße 6/7 und | | |
| dahinterliegende Bauten | | 8 454 219.25 RM |
| c) Voßstraße 8/14 | | |
| Rohbau | | 6 311 212.10 RM |
| d) Voßstraße 15/19 und | | |
| Hermann-Göring-Straße 15 | | 7 187 591.95 RM |
| e) Sonstiger Innenausbau | | |
| insgesamt | | 7 128 924.62 RM |
| | insgesamt | 32 509 186.30 RM |

voraussichtliche Kosten ermittelt.

Hinzu treten

| | | |
|---|---|---:|
| f) die Kosten für das Garagen- und | | |
| Wohngebäude in der Hermann-Göring-Str. | | |
| mit | | 868 719.05 RM |
| Von dem Gesamtbetrage | | 33 377 905.35 RM |

sind im Einzelplan I bei den einmaligen
Ausgaben mit der Zweckbestimmung
»Ausbau und Erweiterung der Gebäude
der Reichskanzlei einschl. Geräteausstattung
und Umgestaltung der dazu gehörigen
Gartenanlagen«

|  |  |
|---|---:|
| | 33 377 905.35 RM |
| im Rechnungsjahr 1936 als 1. Rate | |
| | 3 000 000.00 RM |

im Rechnungsjahr 1937 als 2. Rate

$$3\,000\,000.00\,RM$$

zusammen                                    6 000 000.00 RM

bereitgestellt worden.
Zur Durchführung der Professor Speer vom Führer
erteilten Anordnung müssen daher in den Haushalt
1938 als 3. Rate noch                          27 377 905.35 RM
                              z. rd.           27 500 000.00 RM
vorbehaltlich einer Schlußrate eingestellt werden.

(BA Koblenz, R 2, Nr. 27542, Bl. 70 ff.)

*Speers Grundidee beim Bau der Neuen Reichskanzlei*

Das längliche Baugelände lud dazu ein, eine Folge von Räumen zu
einer langen Achse aneinanderzureihen. Ich führte Hitler den Entwurf
vor: Durch große Tore fuhr der Ankommende vom Wilhelmplatz in
einen Ehrenhof; über eine Freitreppe gelangte er zunächst in einen kleineren Empfangssaal, von dem fast fünf Meter hohe Flügeltüren den
Weg zu einer mit Mosaik ausgekleideten Halle öffneten. Anschließend
stieg man einige Stufen empor, durchschritt einen kuppelüberwölbten
runden Raum und sah sich vor einer Galerie von 145 Metern Länge.
Hitler zeigte sich von meiner Galerie besonders beeindruckt, weil sie

*Arbeitszimmer von Adolf Hitler in der Neuen Reichskanzlei mit den Riesenausmaßen
von 27 × 15 Metern.*

mehr als doppelt so lang wie die Versailler Spiegelgalerie war ... Insgesamt also eine Folge von Räumen, in unablässig wechselnden Materialien und Farbzusammenstellungen, die zusammen 220 Meter lang war. Dann erst erreichte man Hitlers Empfangssaal ... Hitler war beeindruckt:»Die werden auf dem langen Weg vom Eingang bis zum Empfangssaal schon etwas abbekommen von der Macht und Größe des Deutschen Reiches!«

(Albert Speer, Erinnerungen, Frankfurt a. M. – Berlin – Wien 1969, S. 117)

*Das Arbeitszimmer Hitlers*

Das »Arbeitszimmer des Führers« mit den Riesenausmaßen von fast $27 \times 15$ Metern in der Grundfläche und nahezu 10 Metern Höhe hatte seinen offiziellen Zugang von der »Marmorgallerie« durch eine mit Hoheitszeichen nach Kurt Schmidt-Ehm bekrönte Tür in der Mitte einer Breitseite. Speer schrieb jedoch dazu: »Die große Tür wurde nie benutzt. Ich dachte bei der Planung, daß sie bei feierlichen Anlässen geöffnet sein würde, aber das geschah nicht.« Demnach wurde das »Arbeitszimmer des Führers« ausschließlich durch die Türen in den Schmalseiten – mit Kartuschen von Richard Klein – von den Fluren und Nebenräumen her betreten. Die Wände waren mit dunkelroten Limbacher Marmorplatten verkleidet, auf dem Fußboden aus Ruhpoldinger Steinplatten lag ein fast raumgroßer Teppich, auf den wiederum kleinere gelegt waren.

Der Raum erhielt, gemessen an seiner Größe, relativ wenig Möbel: Die Schreibtischgruppe und die Sitzgruppe in jeder Zimmerhälfte, dazwischen der Plantisch ...

Der Schreibtisch Hitlers war ähnlich wie die Wandkommode gearbeitet. Auch er stand auf hohen Pfostenfüßen, war an der Schauseite mit Intarsien geschmückt und hatte an der Arbeitsseite rechts und links je vier paarweise angeordnete Schubladen. Die Platte war mit rotem Leder bezogen. Da die funktionale Arbeitshöhe für einen Schreibtisch gewahrt bleiben mußte, das Möbel aber so groß wie möglich ausgebildet wurde – $3,30 \times 1,40$ Meter – war die Proportion so unglücklich geraten, daß man glaubt, einen Sarkophag vor sich zu haben ...

Eva Brauns Zimmereinrichtungen sollten offensichtlich bewußt im Schatten von Hitlers Prachtentfaltung stehen, der »... auch seinen Arbeitsraum im Neubau der Reichskanzlei von 1939 ... schon bald als ungenügend« empfand.»Bis 1950 sollte nach seinen Angaben und meinen Plänen«, wie Speer schilderte, »eine endgültige Reichskanzlei gebaut werden: Dort war für Hitler und die Nachfolger kommender

Jahrtausende ein Arbeitssaal vorgesehen, der mit 960 sechszehnmal so groß war wie das Zimmer seiner Vorgänger.«

(Sonja Günther, Design der Macht. Möbel für Repräsentanten des »Dritten Reiches«. Mit einem Vorwort von Wolfgang Fritz Haug, Stuttgart 1992, S. 62–72)

## Schreiben Albert Speers an Hans-Heinrich Lammers vom 29. April 1938

Durch den beiliegenden Erlaß vom 27.1.1938 hat der Führer und Reichskanzler angeordnet, daß das Gesamtbauvorhaben in der Voß-straße im Rohbau bis zum 1. August fertiggestellt sein soll. Zur Erreichung dieses Bauzieles ist es notwendig, die am Bau eingesetzten Arbeitskräfte auf voller Leistungsfähigkeit zu halten. Da aus Gründen des allgemeinen Bauarbeitermangels statt in drei Schichten zu je 8 Arbeitsstunden mit 2 Schichten mit einer Arbeitsleistung von 10–12 Stunden gearbeitet wird und da in dieser Arbeitszeit von den beschäftigten Arbeitern eine gute Arbeitsleistung verlangt werden muß, habe ich im Einverständnis mit dem Führer angeordnet, daß den Arbeitern am Bau und in den besonders wichtigen Steinbrüchen ein warmes Mittagessen gegeben wird.

(BA Koblenz, R 43 II / 1055 b)

## Aus der Rede Hitlers zum Richtfest der Neuen Reichskanzlei am 2. August 1938

Wenn ich diese Bauten aufrichte, dann geschieht es nicht für mich. Ich weiß nicht, wie lange ich lebe. Vielleicht werden die meisten Bauten erst fertig, wenn ich nicht mehr bin. Aber das ist ganz unabhängig von einem einzelnen Menschen. Ich bin nicht nur der Reichskanzler, sondern ich bin auch der Bürger. Als Bürger wohne ich auch heute noch in München in derselben Wohnung, die ich vor der Machtübernahme hatte. Als Reichskanzler und Führer der deutschen Nation aber will ich, daß Deutschland so repräsentiert werden kann wie jeder andere Staat auch, ja, im Gegenteil besser als andere. Und dann werden Sie etwas verstehen, ich bin zu stolz, als daß ich in ehemalige Schlösser hineingehe, das tue ich nicht, das neue Reich wird sich seine Räume und seine Bauten selber erstellen, ich gehe nicht in Schlösser. In den anderen Staaten, in Moskau, da sitzt man im Kreml, in Warschau sitzt man im Belvedere, in Budapest in der Königsburg, in Prag im Hradschin, überall sitzt man irgendwo drin. Ich habe nun den Ehrgeiz, dem neuen deutschen Volksreich Bauten hinzustellen, deren es sich auch diesen anderen ehemaligen fürstlichen Werken gegenüber nicht zu schämen

*Richtfest der Neuen Reichskanzlei in der Voßstraße. Der Bau verschlang bis 1941 fast 90 Mill. RM*

hat ... Im Augenblick, in dem einer berufen ist, Deutschland zu repräsentieren, ist er jedem fremden König oder Kaiser gleichwertig und ebenbürtig. Ich habe das Vertrauen und den Glauben an die deutsche Volksrepublik und ich möchte, daß sie ein würdiger Repräsentant des deutschen Volkstums ist ... Deshalb habe ich mich auch entschlossen, heuer in der Erkenntnis, daß dieses damals offenstehende Problem gelöst werden wird, meinem Baumeister Speer den Auftrag zu geben, den an sich schon vorgesehenen Neubau der Reichskanzlei bis zum 10. Januar fertig zu machen, und zwar am 10. Januar 1939. Denn an diesem Tag soll der neue Diplomatenempfang stattfinden, und ich will die Diplomaten dann schon in dem neuen reichseigenen Gebäude empfangen, im Haus des Großdeutschen Reiches. Das war natürlich ein in den Augen aller Fachleute unmöglicher Befehl, nur mein Parteigenosse Speer hat keine Sekunde gezögert, sondern sich nur 6 Stunden Arbeitszeit ausbedungen. Und nach 6 Stunden kam er mit dem Plan und versicherte mir, daß bis zum 15. 3. die alten Häuser weggerissen sein würden, daß am 1. August das Richtfest sein würde und daß am 10. Januar der Bau steht. Das ist jetzt – meine Volksgenossen – kein amerikanisches Tempo mehr, das ist jetzt schon das deutsche Tempo ... Ich freue mich schon auf den 10. Januar, denn so einfach ich in meinem privaten und persönlichen Leben bin, so stolz bin ich darauf, der Führer des deutschen Volkes zu sein, und so weh kommt es mir vor, wenn ich als Vertreter des deutschen Volkes, der hinter mir stehenden 75 Millionen, ausländische Vertreter in unwürdigen Baracken empfangen muß, wenn ich mir sagen muß, überall in der anderen Welt ist das anders. Das schmerzt mich. Und ich freue mich grenzenlos, wenn ich am 10. Januar dann das Diplomatische Korps in dem würdigen Bau des Deutschen Reiches, in der neuen Reichskanzlei empfangen kann. Sie werden auf dem langen Weg vom Eingang bis zum Empfangssaal schon etwas abbekommen von der Größe des Deutschen Reiches.

(Angela Schönberger, Die Neue Reichskanzlei von Albert Speer. Zum Zusammenhang von nationalsozialistischer Ideologie und Architektur, Berlin 1981, S. 178–181)

*Aktennotiz von Hans-Heinrich Lammers vom 26. Oktober 1939*

Prof. Dipl. Ing. Speer hat vom 8.–13. Dezember 1938 in Begleitung von zwei Angestellten seines Büros und zwei Angestellten der Firma Quantmeyer und Eicke, Berlin, eine Reise nach Wien ausgeführt, um für den Erweiterungsbau der Reichskanzlei Teppiche, Bilder, Gobelins usw. auszusuchen. Für die Reise wurde ein Sonderflugzeug und ein Verkehrsflugzeug benutzt. Es sind aus Anlaß dieser Reise 1481,31 RM Kosten entstanden ...

(BA Koblenz, R 43 II / 1054 a)

*Empfangssaal in der Neuen Reichskanzlei*

*Aus der Rede Adolf Hitlers anläßlich der Übergabe der Neuen Reichskanzlei am 9. Januar 1939 im Berliner Sportpalast*

Es gab vielleicht den einen oder anderen, der sagt, warum erklärt der Führer so oft, daß das das Größte ist, das unsere Straßen die größten sind? Warum baut er sie denn überhaupt als die größten? Warum will er jetzt z. B. sagen wir Berlin, mit diesen größten Straßenzügen versehen oder warum will er meinetwegen die größten Kanäle bauen. Warum will er immer das Größte? Meine deutschen Volksgenossen, ich tue es, um den einzelnen Deutschen wieder das Selbstbewußtsein zurückzugeben. Um auf hundert Gebieten dem einzelnen zu zeigen: Wir sind gar nicht unterlegen, sondern im Gegenteil, wir sind jedem anderen Volk absolut ebenbürtig. Es ist das so wichtig, daß ein Volk an sich selber glaubt. Auch im Volk ist es genauso. Ich will ja auch hier jedem einzelnen Lebensstand, sagen wir, das Gefühl der Minderwertigkeit nehmen. Denn was tue ich denn, meine Volksgenossen, und besonders meine deutschen Arbeiter, seit jetzt bald 20 Jahren? Ich nehme dem deutschen Arbeiter die ihm aufgezwungenen Charakterzüge des Proletariats weg, Stück für Stück, und ich mache ihn zum deutschen Staatsbürger, zum deutschen Volksgenossen! Ich zerbreche die Vorurteile von Ständen, um das ganze deutsche Volk mit einem einmütigen Bürgerstolz zu erfüllen, nicht mit dem Bürgerstolz einer Klasse, sondern mit dem Bürgerstolz deutscher Volksgenossen. Daher ist es auch mein Bestreben, diesem neuen nunmehr ja größten Reich eine würdige Hauptstadt zu geben. Eine Hauptstadt, deren sich der Deutsche nicht mehr zu schämen braucht, wenn er ins Ausland kommt. Das soll nicht bedeuten, daß dadurch das übrige Reich in Mitleidenschaft gezogen wird oder gar zurückbleibt. Im Gegenteil, ganz Deutschland soll es sein, überall wollen wir arbeiten, aber die Hauptstadt soll es sein als besonderer Repräsentant und in ihrer Größe die Größe des Staates zum Ausdruck bringen. Das hat mich nun wirklich verdrossen und geärgert, wenn ich mir denke, unter welchen Umständen die Staatsführung selbst in dieser Stadt das deutsche Volk zu repräsentieren hatte. In mir liegen zwei Naturen: Der Vertreter des deutschen Volkes, das ist die eine Natur, und der deutsche Volksgenosse, das ist die zweite Natur. Als deutscher Volksgenosse bin ich heute genau das, was ich früher immer war, will auch nicht mehr sein. Wenn ich einmal hier weggehe, bin ich wieder das, was ich einst war. Meine Privatwohnung ist die gleiche, die ich vor der Machtübernahme hatte und wird dieselbe bleiben. Hier aber bin ich Repräsentant des deutschen Volkes! Und wenn ich hier jemanden in der Reichskanzlei empfange, dann empfängt den Betreffenden nicht der Privatmann Adolf Hitler, sondern der Führer der deut-

*Die Neue Reichskanzlei an der Voßstraße*

schen Nation! Und damit empfange nicht ich ihn, sondern durch mich empfängt ihn Deutschland. Und ich will daher, daß diese Räume dieser Aufgabe entsprechen... Das Werk spricht am Ende dann für sich. Jeder einzelne hat mitgeholfen an einem Baudenkmal, das viele Jahrhunderte überdauern wird und das von unserer Zeit sprechen wird, das erste Bauwerk des neuen großen deutschen Reiches.

(Angela Schönberger, Die Neue Reichskanzlei von Albert Speer, Berlin 1981, S. 184–186)

## Aus dem Aufsatz von Adolf Hitler »Die Reichskanzlei«

Wenn die Reichskanzler vor 1918 nun das Gebäude mehr oder weniger geschmackvoll ergänzten, so begann nach der Revolution 1918 das Haus allmählich zu verkommen. Als ich mich 1934 entschloß, das Gebäude trotzdem zu beziehen, waren nicht nur der Dachstuhl in großen Teilen durchgefault, sondern auch die Böden vollkommen vermorscht. Für den Kongreßsaal, in dem die diplomatischen Empfänge stattfinden sollten, wurde von der Polizei eine Beschränkung der Personenzahl, die zu gleicher Zeit den Raum betreten durfte, auf höchstens 60 Personen vorgenommen, da sonst die Gefahr des Durchbrechens bestand... Bei Wolkenbrüchen kam das Wasser nicht nur wie ein Bach in die Parterreräume, der noch verstärkt wurde durch einen Zufluß, der aus sämtlichen vorhandenen Öffnungen hervorzuquellen begann, ein-

82

*Hauptportal im Innenhof
mit der von Arno Breker
geschaffenen Skulptur*

schließlich des Klosetts... So war das Gebäude 1934 im vollen Verfall begriffen, Decken und Böden vermodert, Tapeten und Fußböden verfault, das Ganze von einem kaum erträglichen üblen Geruch erfüllt...

Um nun das Gebäude überhaupt erst wieder verwenden zu können, habe ich mich 1934 entschlossen, es einer allgemeinen Renovierung zu unterziehen... Denn mein Arbeitszimmer als Reichskanzler befand sich bis dorthin in einem Raum, der nach dem Wilhelmplatz zu gelegen war und in Größe und Gestaltung etwa dem geschmacklosen Zimmer eines Generalvertreters für Zigaretten und Zigarren in einem mittleren Unternehmen entsprach. Bei geschlossenem Fenster war in diesem Raum nicht zu arbeiten vor Hitze, bei offenem nicht wegens des Lärms...

Zwei Momente waren es nun, die mich im Januar 1938 bestimmten, eine sofortige Lösung herbeizuführen.

1. Im Zuge der Erleichterung des Verkehrs durch Berlin vom Osten nach Westen war beabsichtigt, die Jägerstraße zu verlängern, sie durch die Ministergärten und den Tiergarten durchzuführen und damit weiter eine Verbindung zur Tiergartenstraße zu schaffen. Ich habe diese von der damaligen Berliner Stadtbaudirektion ausgearbeiteten Pläne für falsch gehalten und Professor Speer beauftragt, die notwendige Entlastung durch die Leipziger Straße und der Straße Unter den Linden dadurch sicherzustellen, daß vom Wilhelmplatz aus in direkter Linie ein Durchgang nach dem Westen geschaffen wird. Zu diesem Zweck mußte vor allem aber die Voßstraße den Charakter eines Engpasses

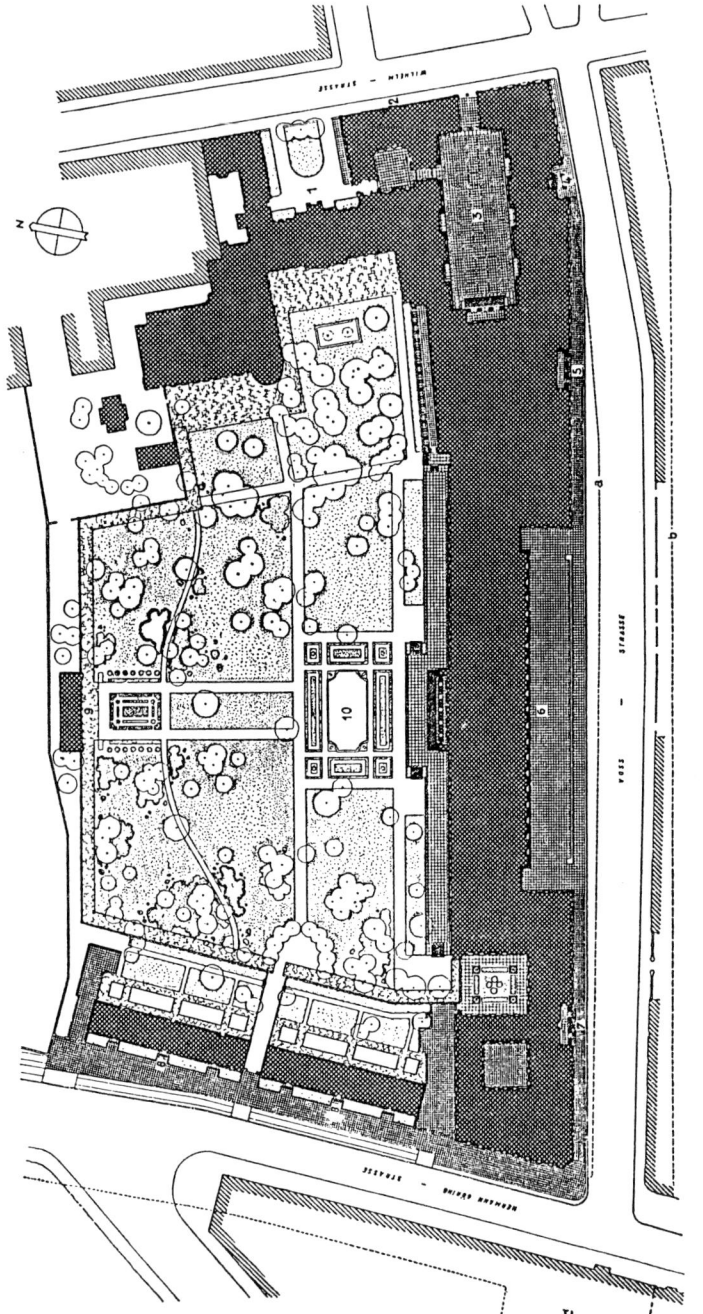

## LAGEPLAN M. 1:2000

a) Frühere Bauflucht an der Nordseite der Voßstraße    b) Geplante Bauflucht an der Südseite der Voßstraße    c) Geplante Verlängerung der Voßstraße

1) Alte Reichskanzlei    2) Reichskanzlei, Erweiterungsbau 1929/30    3) Ehrenhof    4) Portal am ehemaligen Borsig-Palais    5) Portal Voßstraße    6) Mittelbau

verlieren und den einer großen Durchgangsstraße erhalten. Da sich aus naheliegenden Gründen eine Erweiterung auf Kosten des Warenhauses Wertheim kaum erreichen ließ und auch nicht zweckmäßig zu sein schien, mußte dies auf der anderen, dem Park der Reichskanzlei zu gelegenen Straßenseite versucht werden. Damit ergab sich von selbst die Notwendigkeit, diese ganze Front abzubrechen und neu zu erstellen.

2. Ich hatte mich in den Dezember- und Januartagen 1937/38 entschlossen, die österreichische Frage zu lösen und damit ein Großdeutsches Reich aufzurichten. Sowohl für die rein dienstlichen als aber auch repräsentativen Aufgaben, die damit zwangsläufig verbunden waren, konnte die alte Reichskanzlei nun unter keinen Umständen mehr genügen. Ich beauftragte daher am 11. Januar 1938 den Generalbauinspektor Professor Speer mit dem Neubau der Reichskanzlei und setzte als Termin der Fertigstellung den 10. Januar 1939 fest... Die Kürze der Bauzeit ermöglichte es nicht, den am Ende der großen Halle gelegenen Festsaal schon jetzt in seiner endgültigen Größe und Gestalt herzustellen. Es ist daher dieser Saal zunächst ein Provisorium, um überhaupt das Gebäude verwenden zu können. Der endgültige Raum wird erst in zwei Jahren fertig sein. Das Gebäude der Reichskanzlei – das vom Jahre 1950 ab übrigens für einen anderen Zweck vorgesehen ist – stellt damit nicht nur sachlich, sondern auch künstlerisch eine Höchstleistung dar. Es spricht für seinen genialen Gestalter und Baumeister Albert Speer.

(Adolf Hitler, Die Reichskanzlei in: Die Neue Reichskanzlei, Architekt Albert Speer, München 1941, S. 7–8)

*Handschriftliche Notiz über die Kosten für den Bau der Neuen Reichskanzlei bis Ende 1941*

| Grunderwerb | 1936 | 5 942 499,00 RM |
|---|---|---|
| | 1937 | 8 410 489,53 RM |
| | | 14 352 988,53 RM |
| Baukosten | 1936 | 728 768,55 RM |
| | 1937 | 6 754 984,87 RM |
| | 1938 | 44 654 546,10 RM |
| | 1939 | 16 542 018,20 RM |
| | 1940 | 2 625 139,89 RM |
| | 1941 | 1 259 946,93 RM |
| | | 72 559 404,54 RM |

Von der Heydtstraße 19

| | |
|---|---|
| 1937 | 131 061,03 RM |
| 1938 | 1 623 198,45 RM |
| 1939 | 37 066,03 RM |
| 1940 | 33 410,24 RM |
| 1941 | 154 926,10 RM |
| | 1 979 681,85 RM |
| bis 1941 = | 88 892 074,92 RM |

(BA Koblenz, R 43 II, Nr. 1079)

*Monolog Hitlers in der Nacht vom 21. zum 22. Oktober 1941*

Was häßlich ist in Berlin, wollen wir beseitigen, und was Berlin jetzt be-
kommt, soll so sein, daß es den Inbegriff dessen darstellt, was mit den
heutigen Mitteln überhaupt nur zu machen ist. Wer die Reichskanzlei
betritt, muß das Gefühl haben, vor den Herren der Welt zu treten, und
schon der Weg dahin durch den Triumphbogen auf den breiten Straßen an der Soldatenhalle vorbei zum Platz des Volkes soll ihm den
Atem nehmen.

Damit allein sind wir in der Lage, den einzigen Konkurrenten, den es
für uns gibt, Rom, in Schatten zu stellen. Die große Halle soll so werden, daß die Peterskirche mit dem Platz davor darin verschwinden.

Wir nehmen als Baustein Granit. Selbst die ältesten Findlinge aus Ur-
gestein in der norddeutschen Ebene zeigen kaum einen Anflug von Ver-

*Treffen der Reichs- und Gauleiter in der Neuen Reichskanzlei, 14. Januar 1939*

*Empfang in der Neuen Reichskanzlei. Neben Hitler Freifrau von Neurath,*
*14. Januar 1939*

witterung. Diese Bauten werden, wenn inzwischen nicht wieder das
Meer die norddeutsche Ebene überspült, unverändert noch in zehntau-
send Jahren stehen!

(Adolf Hitler, Monologe im Führerhauptquartier 1941–1944, Die Aufzeichnungen Heinrich Heims. Hrsg. von Werner Jochmann, München 1980,
S. 101)

## Die Bunker der Reichskanzlei

Der Neubau der Reichskanzlei (Bauteil III) erhielt mehr als 91 sehr
massive Bunkerräume, die sich im Keller des Geländes entlang der gesamten Voßstraße hinzogen. Von ihnen wurden am 4. September 1940
18 der Öffentlichkeit zugänglich gemacht, und zwar für Kinder unter
sechs Jahren und schwangere Frauen. Auch für Angehörige von anderen Reichsbehörden oder nahegelegenen Banken waren sie geöffnet, so
für 250 Angehörige des Reichsverkehrsministeriums, die dafür einen
speziellen Sonderausweis erhielten. 1944 öffnete man die Bunker auch
für Straßenpassanten, obwohl schwerste Sicherheitsbedenken dagegen
bestanden. Die Folge war, daß weitere Bunker errichtet wurden, so in
der Fahrbereitschaft und unter der Präsidialkanzlei am Übergang zum
Neubau in der Voßstraße. Die höheren Chargen in der Umgebung Hitlers sollten aus Sicherheitsgründen nicht mit dem Volk in Berührung
kommen.

Im März 1943 begannen die Arbeiten zu einem weiteren Bunker, dem Bauwerk, in dem Hitler 1945 Selbstmord beging. Als Bauvorhaben »B 207« hatte er die Adresse Hermann-Göring-Straße. Die ausführende Firma war die Hochtief AG, Berlin W 50, Augsburger Straße Nr. 61. Am 29. April erhielt der Reichsbaurat Carl Piepenburg, der bereits den Neubau der Reichskanzlei geleitet hatte, von Speer den Auftrag zum Bau dieses Bunkers. Erste Planungsarbeiten waren bereits 1942 geleistet worden. Die genauen Abmessungen sowie die Stärken der Decken und Wände sind nicht eindeutig überliefert. Die Sohle lag in einer Tiefe von 12 Metern. Der Bunker paßte sich in seinen äußeren Abmessungen dem bereits bestehenden unter dem Saalbau der Alten Reichskanzlei an, war aber von ihm abgesetzt und über eine Treppe mit diesem verbunden... In einer Aufzeichnung vom 31. August 1942 stellte die Reichskanzlei eine Übersicht über die »Luftschutzräume in den Dienstgebäuden der Reichskanzlei« auf: »Im Gebäudekomplex der Reichskanzlei befinden sich folgende Luftschutzunterstände: a) eine Luftschutzanlage unterm Saalbau im Garten der Reichskanzlei (für die Führerwohnung).

b) Eine Luftschutzanlage für die Häuser Hermann-Göring-Str. 16–17.

c) Luftschutzräume unterm Mittelbau in der Voßstraße.

d) Luftschutzräume unter der Präsidialkanzlei (für schwangere Frauen).

Im Garten wird außerdem z. Zt. ein neuer Luftschutzbunker errichtet.«

(Laurenz Demps, Die Wilhelmstraße, Berlin 1994, S. 235)

*Kostenabrechnung für den »Führerbunker« durch Carl Piepenburg*
*an den Chef der Reichskanzlei, Hans-Heinrich Lammers,*
*vom 30. September 1944*

Betrifft: Erweiterungsbau der Reichskanzlei, Bunkerbau – Wilhelmstraße 78.

Die Kosten des Bunkers im Garten der Reichskanzlei betragen nach beiliegender Aufstellung:

RM 1 349 899,29

Herr Reichsminister Speer hat im Schreiben vom 29. 4. 1943 mein Honorar:

a) für die Entwurfsbearbeitung          auf 2,3%
b) für die Bauleitung und Überwachung    auf 1½%
                          zusammen:      3,8%
festgesetzt.

Bei der Summe von RM 1 349 899,29 × 3,8%
beträgt mein Honorar                                    RM 51 296,–
Auf diesen Betrag erhielt ich eine Abschlagszahlung
von                                                     RM 20 000,–

mithin verbleibt ein Rest von                           RM 31 296,–

Ich bitte gütigst um Überweisung vorstehenden Betrages auf mein
Konto Nr. 3 2 4 5 bei der Berliner Stadtbank, Girokasse 2, Berlin C 2,
Memhardstr.

(BA Koblenz, R 2, Nr. 27452, Bl. 96)

## Vorbereitung zum Endkampf

*Tagebucheintragung Wilfred von Ovens vom 1. Februar 1945*

Stalin ante portas! Dieser Schreckenruf verbreitet sich mit Windeseile
durch die Reichshauptstadt, als heute morgen die Meldung eintrifft,
daß es den Russen gelungen ist, die Oder zu überschreiten. Sie haben
westlich der Oder bei Kynitz* einen Brückenkopf gebildet und dringen
mit etwa hundert Panzern auf Wriezen vor. Wriezen ist etwa 60 bis 70
Kilometer von der Stadtgrenze Berlins entfernt.
Zwischen Wriezen und Berlin steht nichts. Keine Pak, keine Panzer-
sperre, kein einziger Soldat. 70 Kilometer kann ein Panzer in zwei Stunden zurücklegen. Die gemeldeten hundert Russenpanzer können also
ohne Schwierigkeiten gegen Mittag durch das Regierungsviertel fahren. Diese Möglichkeit wirkt elektrisierend. Der Minister entwickelt
eine fieberhafte Tätigkeit… General Hauenschild erscheint. Er hat
seine Generalstabsoffiziere mitgebracht und entwirft, zunächst in gro-
ben Zügen, einen Verteidigungsplan für die Reichshauptstadt… Wo
bekommen wir Soldaten her? Kurzer Kriegsrat. Der Berliner Volks-
sturm wird mit Fahnenjunkern und Offizieren der Heeresschulen in und
um Berlin durchsetzt. Das ergibt die erste Division. Sie wird auf Omni-
bussen und anderen städtischen Fahrzeugen motorisiert gemacht.

* gemeint ist Kienitz

(Wilfred von Oven, Mit Goebbels bis zum Ende, Bd. II, Buenos Aires 1950,
S. 229 f.)

*Lagebuch des Oberkommandos der Wehrmacht vom 2. Februar 1945*

Nordwestlich Küstrin drang der Gegner bei Zielenzig über die Oder.
Die Verteidigung in diesem Raum wird geführt durch AOK 9, durch

die Gruppe General Berlin (zugleich weiter General der Artl. beim GenStdH), durch das AOK 2 und die Armee-Abt. General Steiner (bisher am Oberrhein eingesetzt). Für die Verteidigung von Berlin ist der General von Hauenschildt eingesetzt, der dem Führer unmittelbar untersteht und deshalb an der Führerlage teilnimmt. Unterstellt ist ihm auch die Flak von Berlin.

(Kriegstagebuch des Oberkommandos der Wehrmacht, Bd. IV, 1. Januar 1944–22. Mai 1945, eingel. und erläut. von P. E. Schramm, Herrsching 1982, S. 1064)

## Befehl zur Einrichtung von Standgerichten im Wehrkreis III Berlin vom 13. Februar 1945

Der Befehlshaber des Wehrkreises III hat mit Genehmigung des Reichsführers SS nachfolgende Anordnung über den Einsatz von Standgerichten in seinem Befehlsbereich herausgegeben:

1. Zur sofortigen Aburteilung von Straftaten von Angehörigen aller Wehrmachtsteile und der Waffen-SS werden an mir geeignet erscheinenden Orten des Streifendienstes Standgerichte errichtet.

2. Die Urteile der Standgerichte können nur auf Todesstrafe oder Freispruch lauten. Sachen, in denen Todesstrafe nicht gerechtfertigt erscheint oder in denen noch Ermittlungen erforderlich sind, werden an das ordentliche Kriegsgericht überwiesen.

3. Die Standgerichte setzen sich zusammen aus einem Wehrmachtsrichter als Verhandlungsleiter und zwei Soldaten als beisitzenden Richtern.

4. Auf Grund der mir vom Reichsführer SS und Oberbefehlshaber des Ersatzheeres übertragenen Ermächtigungen unterliegen die Urteile der Standgerichte meiner Bestätigung.

5. Die Bestätigung ist unverzüglich, unter Umständen fernmündlich, einzuholen, damit gewährleistet ist, daß sofortige Vollstreckung stattfinden kann.

6. Die Vollstreckung der Todesstrafe findet in der Nähe des Gerichtsortes durch Erschießen, wenn es sich um besonders ehrlose Lumpen handelt, durch Erhängen statt.

Der Wehrmachtsbefehlshaber III ist in diesem besonderem Ausnahmefall auch zur Bestätigung von Standgerichtsurteilen gegen SS-Führer zuständig.

(Erich Kuby, Das Ende des Schreckens. Dokumente des Unterganges. Januar bis Mai 1945, München 1955, S. 36)

*Befehl des Kampfkommandanten Dora vom 14. Februar 1945 über die*
*Fahndung nach fahnenflüchtigen Elementen der Wehrmacht in Berlin*

Meldungen aus der Zivilbevölkerung wie Feststellungen durch Wehrmachtsstreifen, Standortstreifen, Polizeistreifen und Mitteilungen aus Parteikreisen bestätigen immer wieder, daß fahnenflüchtige Elemente der Wehrmacht im Bereich von Berlin, in den Berliner Vororten, auch in Orten außerhalb des Standortbereichs untergetaucht sind. Zur Fahndung nach diesen Elementen, die sich in verschiedenen Uniformen, teils in Zivil herumtreiben, ist zur Zeit eine Großaktion der Wehrmacht und Polizei im Gange.

Durch Vereinbarung mit der Berliner Stadtverwaltung ist den Fahnenflüchtigen der Bezug von Lebensmittelkarten abgeschnitten. Aus allen diesen Gründen ist damit zu rechnen, daß diese Elemente sich in irgendeiner Form an die Verteidigungsarbeiten im Standortbereich Berlin herandrängen, um als Mithelfer Nahrungsmittel und Unterschlupf zu finden.

Hierzu wird befohlen:

1.) Bei sämtlichen sich zur Arbeit anbietenden oder im Einheitsbereich sich aufhaltende verdächtige Personen, sind die Ausweispapiere genau zu prüfen.

2.) Anzeigen aus der Bevölkerung sind unter Feststellung des Anzeigenden nachzuprüfen.

3.) Die Einheitsführer unterrichten sich bei den zuständigen Bürgermeistern bzw. den nächstzuständigen Polizeirevieren über den in letzter Zeit erfolgten Zuzug in ihrem Bereich. Bei Verdachtsgründen ist diesem nachzugehen.

4.) Festgenommene Fahnenflüchtige sind mit kurzer Meldung dem Wehrstreifenkommandeur von Groß-Berlin (Vernehmungsabteilung Prinz-Friedrich-Karl Str. 2, Alexanderkaserne) oder der Zweigstelle des Wehrmachtsstreifenkommandeurs in Spandau (Vernehmungsabteilung Mauerstraße, Nähe Rathaus Spandau) zuzuführen. Erfolgte Festnahme ist dem Kampfkommandant Abt. I c zu melden. Bei tätlichem Angriff oder Fluchtversuch festgenommener Wehrmachtsangehöriger sind die Transportleiter berechtigt und verpflichtet, die Schußwaffe rücksichtslos zu gebrauchen.

(Bundesarchiv/Militärarchiv Freiburg, künftig BA / MA, RH 30 / v 2, Bl. 5)

*Befehl Nr. 7 der in Berlin-Lichterfelde eingesetzten Brigade Schulz*
*vom 19. Februar 1945 mit Erläuterungen über den Befehl zum Bau von Sperren*
*und Kampfstellungen vom 14. Februar 1945*

1. Im Bereich des Abschnitts D 1 werden z. Zt. 3 Stellungen verstärkt:
A. die südliche Stellung (Lankwitz–Mariendorf–Britz) ist eine Sicherungslinie

a) zur gefechtsmäßig entwickelten Aufstellung von Bereitschaften und Reserven des Abschnitts D,

b) zum Auffangen und Zurückwerfen durchgebrochener Aufklärungspanzer oder Stoßtrupps, sowie eine Sperrlinie gegen unbemerktes Durchsickern feindlicher Kräfte bei Tage oder bei Nacht endlich

c) zur Deckung einer etwaigen Zurücknahme der vordersten Truppen des Abschnitts D…

B. Die Kanalstellung zwischen Siemensbrücke in Lankwitz und der Moltkebrücke südlich Neukölln soll

a) in erster Linie den Durchbruch von Panzern zur Innenstadt verhindern,

b) die etwaige Zurücknahme der Hauptkampffront auf die Ringbahnstellung erleichtern und decken…

C. Die *Ringbahnstellung* ist eine zusammenhängende Verteidigungsstellung für den Berliner Stadtkern… Die Panzerabwehr durch Sperren muß innerhalb der Ringbahnstellung lückenlos sein… Die örtlich taktischen Führer bzw. die Brückenkommandanten sind mir dafür verantwortlich, daß bei einem etwaigen Einbruch einiger weniger Panzer keine Brücke vorzeitig gesprengt wird. In der letzten Zeit haben Sabotageakte überhand genommen. Alle zur Sprengung vorbereiteten Brücken sind durch bewaffnete Posten zu bewachen.
*Es gibt keinen Posten, auch keinen Volkssturmmann, der ohne Waffen Posten steht.*
*d) Kampfführung:*
Ein voraussichtlicher Angriff der Russen ist mit Sicherheit bei *Nacht* zu erwarten. Die Truppe ist besonders auf den Kampf bei Nacht durch Einsatzübung zu schulen. Gleichzeitig wird der Gegner versuchen, die Angriffe durch Luftlandetruppen zu unterstützen. Hier gilt der Grundsatz »Drauf und Dran«. Entschlußlosigkeit und größere Bereitstellungen bedeuten eigenen Zeitverlust, also Gewinn für den Feind. Alle verfügbaren Kräfte sind rücksichtslos, noch bevor der Feind Boden gewonnen hat oder zur Landung gekommen ist, zum Angriff anzusetzen. Alle schweren Waffen nehmen selbständig den Landeplatz bzw. den Landeraum unter Feuer.

(BA / MA, RH 30 / v 2, Bl. 8–10)

*Bericht über den »Sondereinsatz Berlin« für die Zeit vom 14. Februar bis zum 20. Februar 1945 vom 23. Februar 1945*

Allgemeines... Die Hoffnung, daß es zu einem eigentlichen Kampf um Berlin nicht kommen werde, hat sich verstärkt. Im allgemeinen sind ein gewisser Fatalismus, eine gewisse Gleichgültigkeit und Dumpfheit festzustellen. »So, wie es kommt, wird es genommen: Wir können es nicht ändern!« Alles was nach »Propaganda« aussieht oder als solche angesprochen wird, wird deutlich abgelehnt... Im Vordergrund der Gespräche stehen immer die gleichen Themen: Ostfront, Bombenterror, neue Waffen, Ernährungslage, Kohlennot und Rüstungsindustrie. Da große Werke nur noch wenige Tage in der Woche arbeiten könnten, gebe es in Wirklichkeit bereits Tausende von Arbeitslosen in der Reichshauptstadt...

Einzelbeobachtungen... Am 16. 2. vormittags äußerte an der Straßensperre in der Dorfstraße (Wedding) ein Volkssturmmann: »Wozu wir diese Sperre bauen, weiß ich nicht. Ich denke, es werden immer so viele Panzer abgeschossen? Und nach Berlin kommen sie doch nicht, die hungern uns aus. Und dazu kommen noch die Aufstände durch den Pöbel und die Ausländer. Als Volkssturmmänner sind wir eine Viertelstunde ausgebildet; 10 Minuten Vortrag und außerdem durfte jeder einmal die Panzerfaust in die Hand nehmen. Das war alles. Seit 2 Wochen stehe ich nun hier herum. Einfach aus dem Werk herausgerissen, 20 von 39 Arbeitern sind weg. Wir haben Zahnräder für Panzer gedreht...«

(BA / MA, RW 4 / v 266)

*Eintragung aus dem Tagebuch von Joseph Goebbels vom 1. März 1945*

Ich bespreche mit dem Berliner Verteidigungsrat Fragen der Verteidigung der Reichshauptstadt. Ich kann mich dabei auf die mir von General Wlassow gemachten Eröffnungen stützen. General von Hauenschild bekommt jetzt die meisten seiner Truppenkontingente aus Berlin abgezogen, insbesondere die Schulen und die Fahnenjunker. Infolgedessen fehlt es ihm an allen Ecken und Enden an Soldaten. Wir müssen also das zweite Volkssturmaufgebot einziehen, eventuell auch dazu übergehen, Frauenbataillone aufzustellen. Ich mache sogar den Vorschlag, aus den Gefängnissen und Konzentrationslagern Sträflinge mit leichteren Strafen zu sehr scharf geführten Einheiten zusammenzufassen. Wie mir General Wlassow mitteilte, hat sich das bei der seinerzeitigen Verteidigung von Moskau außerordentlich gut bewährt. Damals habe ihn Stalin gefragt, ob er bereit sei, eine Gefangenendivision aufzustellen... Die Sträflingsdivision habe sich auf das hervorragendste geschlagen. Warum sollte das in der jetzigen Notlage nicht auch bei uns durchgeführt werden können?

(Joseph Goebbels, Tagebücher 1945. Die letzten Aufzeichnungen, Hamburg 1977, S. 67 – weiterhin Goebbels-Tagebücher 1945)

*Eintragung aus dem Tagebuch von Joseph Goebbels vom 5. März 1945*

Vor vier Wochen war doch die Situation so, daß die meisten Militärexperten unsere Chancen als absolut verloren ansahen. Wie der Führer mit Recht bemerkt, packte man im Geiste schon in Berlin und gab die Reichshauptstadt verloren. Wenn der Führer damals nicht selbst nach Berlin gekommen wäre und die Dinge an sich gerissen hätte, ständen wir heute vielleicht schon an der Elbe. Ich berichte dem Führer ausführlich über meine Unterredung mit General Wlassow, insbesondere über die Mittel, die er im Auftrag Stalins angewandt hat, um im Spätherbst 1941 Moskau zu retten. Die Sowjetunion befand sich in genau derselben Situation, in der wir uns heute befinden... Ich trage dem Führer meinen Plan vor, die auf der Achse befindlichen Soldaten aufzufangen und sie zu neuen Regimentern zusammenzustellen. Der Führer gibt diesem Plan seine Billigung. Auch ist er damit einverstanden, daß wir in Berlin nunmehr Frauenbataillone aufstellen. Es gibt unzählige Frauen, die sich jetzt zum Frontdienst melden, und der Führer ist der Meinung, daß diese, soweit sie freiwillig kommen, zweifellos fanatisch kämpfen werden. Man müßte sie in der zweiten Linie einsetzen; dann würde den Männern schon die Lust vergehen, in der ersten Linie zu retirieren.

(Goebbels-Tagebücher 1945, S. 109)

*Bericht über den »Sondereinsatz Berlin« in der Zeit vom 28. Februar bis zum 6. März 1945 vom 9. März 1945*

Die Stimmung der Berliner hat sich gegenüber der Vorwoche nicht wesentlich verändert. Es fiel auf, daß die Menschen in der Öffentlichkeit (Verkehrsmittel, Lokale usw.) mit Äußerungen über die allgemeine Lage zurückhaltender wurden. Man behält seine Meinung für sich, da man heutzutage nicht wissen könne, ob man nicht ausgehorcht werde und dann »schwer anlaufe«... Auf der anderen Seite ist die Bevölkerung merklich nervös geworden. Die Verringerung der Lebensmittelrationen, die regelmäßigen abendlichen Luftangriffe, dann die schwierigen Verhältnisse auf den Verkehrsmitteln während des Berufsverkehrs

führen neben den sonstigen Sorgen zu einer seelischen Belastung, die sich entsprechend auswirkt. So ist es zu erklären, daß viele Berliner je nach Temperament sehr reizbar geworden sind und daß bereits kleinere Anlässe, besonders aber das geringste Versagen irgendwelcher amtlicher Stellen zu Reibungen, lauten Auseinandersetzungen, Explosionen und »Krächen« führt, in denen sich die Seele Luft schafft …
Einzelbeobachtungen … In der S-Bahn wurde erzählt, daß in der letzten Zeit eine ganze Reihe von Soldaten wegen Fahnenflucht erschossen worden sei. In Zukunft würden die Erschießungen am Orte der erfolgten Festnahme erfolgen. Den Soldaten und der Bevölkerung solle gezeigt werden, wie schnell mit einem verfahren werde, der den Eid auf den Führer breche. In der Friedrichstraße soll bereits eine Erschießung stattgefunden haben.

(BA / MA, RW 4 / v 266)

*Aus dem »Grundsätzlichen Befehl für die Vorbereitungen zur Verteidigung der Reichshauptstadt« von Generalleutnant Hellmuth Reymann vom 9. März 1945*

A. Allgemeines
… 2. Auftrag:
Die Reichshauptstadt wird bis zum letzten Mann und bis zur letzten Patrone verteidigt.
3. Kampfweise:
Mit den zur unmittelbaren Verteidigung der Reichshauptstadt zur Verfügung stehenden Kräfte wird der Kampf um Berlin nicht in offener Feldschlacht ausgetragen, sondern im wesentlichen als Straßen- und Häuserkampf. Er muß mit Fanatismus, Phantasie, mit allen Mitteln der Täuschung, der List und Hinterlist, mit vorbereiteten und aus der Not des Augenblicks geborenen Aushilfen aller Art, auf, über und unter der Erde geführt werden. Hierbei kommt es darauf an, die Vorteile des eigenen Landes und die voraussichtliche Scheu der meisten Russen vor dem ihnen fremden Häusermeer restlos auszunutzen. Die genauen Ortskenntnisse, die Nutzbarmachung der U-Bahn und des unterirdischen Kanalisationsnetzes, die vorhandenen Nachrichtenverbindungen, die vorzüglichen Kampf- und Tarnmöglichkeiten in den Häusern, der festungsmäßige Ausbau von Häuserblocks – insbesondere von Eisenbetonhäusern – zu Stützpunkten machen den Verteidiger auch bei zahlenmäßiger und materieller Unterlegenheit gegenüber jedem Feind unüberwindlich! Der Feind, dem keine Minute Ruhe zu gönnen ist, muß sich in dem engmaschigen Netz der Widerstandsnester, Stütz-

punkte und Verteidigungsblocks verzehren und verbluten. Jedes verlorene Haus oder jeder verlorengegangene Stützpunkt sind sofort im Gegenstoß wiederzunehmen. Hierbei sind Stoßtrupps unter Ausnutzung der unterirdischen Gänge unbemerkt auch in den Rücken des Feindes zu führen, um ihn überraschend von rückwärts zu vernichten.

Voraussetzung für eine erfolgreiche Verteidigung Berlins ist jedoch, daß jeder Häuserblock, jedes Haus, jedes Stockwerk, jede Hecke, jeder Granattrichter bis zum äußersten verteidigt wird! Es kommt gar nicht darauf an, daß jeder Verteidiger der Reichshauptstadt die Technik des Waffenhandwerks bis ins einzelne gut beherrscht, sondern vielmehr darauf, daß jeder Kämpfer vom fanatischen Willen zum Kämpfen-Wollen beseelt und durchdrungen ist, daß er weiß, daß die Welt mit angehaltenem Atem diesem Kampf zusieht und daß der Kampf um Berlin die Kriegsentscheidung bringen kann...

B. Kampfführung

8. Alarmierung des Verteidigungsbereiches Berlin

a) Alarmierung der Truppe.

aa) Bei Feindannäherung erfolgt die Alarmierung der Truppe durch das Stichwort »Clausewitz«.

bb) Ist mit Feindangriff zu rechnen, ist auf Stichwort »Kolberg« die volle Abwehrbereitschaft herzustellen...

dd) Die Durchgabe der Stichworte erfolgt: über das Fernsprechnetz, durch Funk, durch Drahtfunk, durch Melder, durch Ausstrahlung des Senders »Horizont« (Welle 265 kHZ = 1132,11 m). Wortlaut für Drahtfunk und Sender Horizont: »Achtung, Achtung, Achtung! Hier Sender Horizont! Eine wichtige Durchsage für alle, die es angeht: Clausewitz, Clausewitz, Clausewitz.« Diese Durchsage erfolgt fünfmal im Abstand von je 2 Minuten...

b) Alarmierung der Bevölkerung.

Zur Alarmierung der Bevölkerung der Reichshauptstadt ist beabsichtigt, den bekannten Fliegeralarm (3mal anschwellender Heulton) zu geben. Bei Ausfallen des elektrischen Stromes wird der Alarm durch Flakschießen ausgelöst.

Im Anschluß hieran beabsichtigt Reichsminister Dr. Goebbels über den Drahtfunk zur Berliner Bevölkerung zu sprechen und folgende Maßnahmen anzuordnen:

aa) Die Zivilbevölkerung wird aufgefordert, allen Anordnungen, die von militärischen und zivilen Stellen getroffen werden, unbedingt Folge zu leisten. Neugieriges Herumstehen ist zu unterlassen. Durchmarschierenden Verbänden der Wehrmacht und des Volkssturms ist der Marsch durch Räumen der Fahrbahn von Fußgängern und Kindern zu erleichtern. Parkende Fahrzeuge halten scharf rechts am Straßenrand.

bb) Rüstungsbetriebe, Versorgungsbetriebe und die für die Führung der Reichshauptstadt verantwortlichen Behörden und Dienststellen arbeiten weiter.

cc) Der Werkschutz sorgt für die äußere und innere Sicherheit der Betriebe. Provokateure oder aufsässige Ausländer sind vom Werkschutz sofort unter rücksichtslosem Gebrauch aller Machtmittel festzusetzen oder unschädlich zu machen...

e) Volkskrieg im Rücken des Feindes.

Von ausschlaggebender Bedeutung ist der Kampf im Rücken des Feindes. Hierzu sind in erster Linie Freiwillige einzusetzen, die von fanatischem Willen und Haß beseelt sind, den deutschen Heimatboden zur Hölle für den Bolschewisten werden zu lassen.

Beim Kampf im Rücken des Feindes kommt es darauf an, mit allen Mitteln der Kriegslist und Verschlagenheit dem Feinde jeden nur erdenkbaren Schaden und Verlust zuzufügen. Unter Vermeidung des offenen Kampfes sind vor allem im Schutze der Nacht Überfälle aus dem Hinterhalt auf feindliche Versorgungs- und Nachschubtransporte, auf einzelne Melder und Kfz., Anschläge auf mangelhaft bewachte Lager, Brücken, Eisenbahnen und Gefechtsstände, und Sabotageakte an Nachrichtenverbindungen des Feindes durchzuführen. Nirgends darf der Feind zur Ruhe kommen!

Als Schlupfwinkel dienen die zahlreichen Wälder in der nahen und weiteren Umgebung der Reichshauptstadt; sie bieten sich förmlich für einen Kleinkrieg im Rücken des Feindes an!

Dieser Kampf im Rücken des Feindes ist schwer. Er fordert vom einzelnen Kämpfer, der unter Umständen ganz auf sich allein gestellt ist, mehr Mut, Ausdauer und Entschlußkraft, als wenn er inmitten von Kameraden und unter fester Führung zum Angriff antritt. Wer tief hinter der feindlichen Front, auf einsamen Posten, die Heimat und das Reich durch rücksichtslosen Kampf, ohne alle Hemmungen gegen den Feind verteidigt, und ihm Schaden zufügt, wo es nur möglich ist, erfüllt höchste soldatische Pflicht.

(Dieter Dreetz/Hans Höhn, Die Zerstörung Berlins war von der Wehrmachtsführung einkalkuliert in: Zeitschrift für Militärgeschichte, 4. Jhrg., Heft 2/1965, S. 177 ff.)

*Eintragung aus dem Tagebuch von Joseph Goebbels vom 11. März 1945*

Mir wird nun zum ersten Male die von mir verlangte Verteidigungsbilanz der Reichshauptstadt für eine Woche vorgelegt. Im ganzen gesehen ist diese Bilanz außerordentlich zufriedenstellend. Nach den Unterlagen, die mir dort unterbreitet werden, könnte man eigentlich annehmen, daß Berlin, auch wenn es eingeschlossen wäre, sich mit dem, was jetzt an Soldaten, Waffen, Lebensmitteln und Kohle vorhanden ist, etwa acht Wochen halten könnte. Das ist eine lange Zeit, und in acht Wochen kann sich sehr viel ereignen.

(Goebbels-Tagebücher 1945, S. 188)

*Eintragung aus dem Tagebuch von Joseph Goebbels vom 18. März 1945*

Die Verteidigungs-Wochenbilanz der Reichshauptstadt ist außerordentlich günstig ausgefallen. Es ist uns gelungen, im Laufe von acht Tagen unsere Waffen- und Nahrungsmittelbestände außerordentlich zu vergrößern. Wir können jetzt immerhin, wenn auch unter sehr beschränkten Verhältnissen, eine Belagerung der Reichshauptstadt auf zehn bis zwölf Wochen durchhalten.

(Goebbels-Tagebücher 1945, S. 295)

*Niederschrift über die zwischen dem 13. und 16. März 1945 geführten Besprechungen des Oberleutnant Schunke über das Kampfverfahren Taifun\* mit dem Verteidigungsbereich Berlin und dem OKH vom 22. März 1945*

13. 3. 1945: Meldung bei Höh. Landesbau – Pi. – Führer 1, Oberst Lohbeck (Führer des Verteidigungsbereiches Groß-Berlin).
Inhalt: Unterrichtung über das Kampfverfahren Taifun. Unterirdische Kampfführung bei einem evtl. Angriff der Bolschewisten auf Berlin unter Berücksichtigung der Erfahrungen aus dem Kampf um Warschau. Möglichkeiten eines Taifuneinsatzes in der Abwehr und bei Gegenangriffen gegen Kanalisationsanlagen und Kellerbunker. Anwendung des Kampfverfahrens Taifun in U- und S-Bahntunnelanlagen wurden abgelehnt...
15. 3. 1945: Meldung bei Gen. Pi u. Fest, Chef d St Oberst Gundelach in Anwesenheit von Oberst Lobeck... Oberst Gundelach ist mit der sofortigen Verlegung der 7./Taifun Heeres St. Pi Brig 46 (mot) nach Berlin, sowie der namentlichen Unterstellung Oberst Lohbeck einverstanden. Oblt. Schunke soll neben der Fortführung Ausbildung Taifun, sowie der Schulung der Kp. im Großstadtkampf unter besonderer Berücksichtigung unterirdischer Anlagen Erkundigungen für einen evtl.

Einsatz Groß-Berlin in den neuen Kampfsektoren durchführen und planmäßig festlegen. Die Ausbildung von Offz. und Uffz. der neu aufzustellenden Komp. in Berlin nach den Warschauer Einsatzerfahrungen im Großstadtkampf hält Oberst Gundelach für wünschenswert.

\* Das Kampfverfahren Taifun basierte auf dem Einblasen eines Gasgemisches in Bunker, Keller usw., das bei Zündung wie im Bergbau im Innern der Hohlräume ein »schlagendes Wetter« mit vernichtender Wirkung erzeugte. 1942 kam die Waffe erstmals in der Innenstadt Charkows zum Einsatz, 1943 auf der Halbinsel Kertsch und im August 1944 gegen den polnischen Aufstand in Warschau.

(BA / MA, RH 11 III / 34, Bl. 1)

*Studie der Luftflotte 6 über die Verteidigung der Reichshauptstadt an die Luftflotte Reich vom 23. März 1945*

I. Bodenorganisation für Einsatzverbände:

1. Die in den Stadtbezirk Berlin verlegenden Jagd- und Schlachtgruppen werden sich nur dann halten können, wenn für jedes einzelne Flugzeug eine Splitterbox mit splitter- und brandbombensicherer Überdachung und entsprechender Tarnung hergerichtet wird. Inwieweit hierbei versenkter Bau möglich ist, wäre durch örtliche Erkundigung festzustellen. Ebenso wäre zu überprüfen, ob Unterbringung in U- und S-Bahntunnel, gegebenenfalls unter Erstellung eines behelfsmäßigen Fahrstuhles (ähnlich Flugzeugträger) möglich ist.

2. Die Benutzung der Ostwest-Achse als Start- und Landebahn für Schlacht- und Jagdflugzeuge wird für möglich gehalten. Abstellung der Flugzeuge weit aufgelockert, ggf. unter Ausnutzung der vorhandenen Stadtbahnbögen oder zwischen Häusermauern am Tiergartenrand.

3. Da Tempelhof bei Beziehen des derzeitig vorgesehenen inneren Verteidigungsringes (S-Bahn) nicht benutzbar bleiben wird, wird vorgeschlagen, den Kurfürstendamm und die Straßen zwischen Michaelkirche und Wassertorplatz auf Eignung als Startbahn für Jagd- und Schlachtflugzeuge zu überprüfen...

Die Höhenunterschiede der Fußsteige müssen entweder durch allmähliches Verziehen ausgeglichen werden oder die Fußsteige entfernt (am Kurfürstendamm insbesondere der Mittelstreifen mit den Straßenbahnschienen) oder es muß auf beiden Fahrbahnen soviel Schutt aufgebracht und sorgfältig festgewalzt werden, daß die Höhe der Fußsteige und des Straßenbahnkörpers erreicht wird.

(Deutsches Militärarchiv Potsdam, L 04.61. / 31, Bl. 363/364)

*Eintragung aus dem Tagebuch von Joseph Goebbels vom 27. März 1945*

Ein sehr ernstes Problem ist für uns die Frage, was wir mit der Bevölkerung vor und hinter der Hauptkampflinie in Berlin anfangen wollen, wenn der Feind tatsächlich an der Oder-Front einmal durchbricht. Wir müssen für alle Eventualfälle einen Evakuierungsplan ausarbeiten und sehen, ihn im Fall der Fälle improvisatorisch durchzuführen. Der Führer hat seine Genehmigung dazu gegeben, daß die Ostwestachse als Flugplatz eingerichtet wird. Allerdings soll der Tiergarten nicht niedergeschlagen werden. Der Führer meint, daß die Achse selbst als Lande- und Startplatz genügen müßte. Die Luftwaffe möchte natürlich am liebsten den ganzen Tiergarten niederhacken. Sie macht sich die Sache immer furchtbar einfach. Vor allem ist es aufreizend, im Gespräch mit Luftwaffenoffizieren den Luftkrieg in einer Art und Weise dargestellt zu sehen, als wenn die Luftwaffe damit überhaupt nichts mehr zu tun hat.

(Goebbels-Tagebücher 1945, S. 396)

*Aufruf zum Panzergrabenbau in Berlin vom März 1945*

An alle Männer und Frauen der Ortsgruppe Tempelhof!
Der Reichsverteidigungskommissar hat den Bau eines Panzergraben angeordnet. Alle Männer, Frauen und Jugendlichen über 14 Jahre werden aufgerufen, sich an der Gemeinschaftsarbeit zu beteiligen. Gebaut wird am Bauabschnitt in Marienfelde, von der Eisenbahnkreuzung bis Diedersdorfer Weg.
Abmarsch täglich um 8 Uhr Ecke Dorfstraße/Berliner Straße.
Fahrgelegenheit: Straßenbahn 196 u. 199 sowie Omnibus 32.
Schanzzeug (Luftschutzgeräte) und Mundvorrat sind mitzubringen.
Heil Hitler. Der Ortsgruppenleiter.

(Deutschland im Zweiten Weltkrieg, Bd. 6, Berlin 1988, S. 687)

*Bericht über den »Sondereinsatz Berlin« für die Zeit vom 30. März bis 7. April 1945 vom 10. April 1945*

Allgemeines: Im Mittelpunkt aller Gespräche und Unterhaltungen steht die nach allgemeiner Ansicht katastrophale Lage an den Fronten. Die Lage wird durchweg als aussichtslos bezeichnet. Das schnelle Vorrücken der Anglo-Amerikaner, der Fortgang der feindlichen Luftoffensive, die bevorstehende Offensive im Osten, die weitere Annahme, daß wir keine neuen Waffen oder Kampfmittel einzusetzen haben, die immer weitere Einschränkung der Rüstungsproduktion sind bei dieser Beurteilung ausschlaggebend. Selbst Menschen, von denen man wisse, daß sie immer noch gläubig gewesen seien, hätten jetzt so gut wie jede Hoffnung aufgegeben. Es werden häufig Termine angegeben, wann der Krieg vorbei sein werde. Sehr oft wird der Wunsch ausgesprochen, daß die Anglo-Amerikaner noch vor den Sowjets nach Berlin kommen. So wird hier und da sogar Freude über die Fortschritte der Amerikaner geäußert. Und es gehen Erwägungen in der Richtung um, daß man den Kampf gegen den Westen einstellen und zusammen mit den Anglo-Amerikanern marschieren solle . . .

Allgemein wird die Partei als Trägerin der Macht für die Lage verantwortlich gemacht und dementsprechend angegriffen. Vor allem in den vom Bombenterror in letzter Zeit besonders betroffenen Stadtteilen des Nordens und Ostens nimmt man in dieser Hinsicht kein Blatt mehr vor den Mund. Auf der Suche nach Schuldigen wird oft behauptet, daß sich die Partei zu sehr in Wehrmachtsangelegenheiten hineingemischt habe, während andererseits wieder die Offiziere als diejenigen hingestellt werden, die versagt hätten. Kritische Bemerkungen dem Führer gegenüber fallen in der Öffentlichkeit kaum. Er habe das Beste gewollt, aber seine Mitarbeiter hätten versagt bzw. ihn über viele Dinge nicht richtig ins Bild gesetzt.

(BA / MA, RW 4 / v 266)

*Durch Blitzfernschreiben übermittelter Befehl des Chefs des Heerespersonalamtes, General Burgdorf, an die Truppenteile des Berliner Wehrkreiskommandos III vom 12. April 1945*

In der augenblicklich ernsten Zeit muß sich jeder Offizier und V. S.-Fhr.* mehr denn je seiner besonderen Verpflichtung als Führer bewußt sein. Seine Haltung ist entscheidend für die Kampfmoral der Truppe, wie auch weitgehend der Bevölkerung. Unfruchtbare Erörterungen über die Lage sind unsoldatisch, nur was dem Kampf dient, hat Berechtigung. Wer in pessimistischer Weise die Aussichten für die Weiterführung des Kampfes, sei es dienstlich oder privat, mit Soldaten oder Zivilisten erörtert, zersetzt die Kampfmoral und dient damit dem Feinde, der jetzt wieder, wie er es 1918 mit Erfolg getan hat, versucht, das deutsche Volk durch Trennung von seiner Führung zur Selbstaufgabe zu veranlassen, und dadurch den Krieg zu verlieren.

Erst wer sich selbst verloren gibt, hat den Kampf wirklich verloren. Daß dieser Fall niemals eintritt, dafür ist jeder Offizier und V. S.-Fhr. mitverantwortlich.

Es gilt jetzt für das Offizierskorps, an seinem Platz in treuer Erfüllung der mit dem Fahneneide beschworenen Soldatenpflichten kompromißlos mit unerschütterlicher Standhaftigkeit und in gläubigem Vertrauen zum Führer, die Voraussetzungen für die erfolgreiche Weiterführung des Kampfes zu erhoffen und so die endgültige Schicksalswende zu erzwingen.

\* V.S.-Fhr. = Volkssturmführer

(BA / MA, RH 30 / v 2, Bl. 40)

*Geheimbefehl der Reichskanzlei an alle Reichsbehörden
betr. Absetzbewegung Thusnelda vom 12. April 1945*

1. Der Führer hat entschieden:
a) Die engsten Führungsstäbe der Obersten Reichsbehörden, die Reichsminister, die Staatssekretäre und was sonst zu diesen Stäben gehört, bleiben in Berlin.
b) Was kampfwillig und kampffreudig ist, ist von den Obersten Reichsbehörden zur Truppe abzugeben, soweit nicht für den engsten Führungsstab oder sonst wichtige Aufgaben, z. B. beim Volksgerichtshof, unentbehrlich.
c) Alle übrigen für den Abtransport bisher vorgesehenen Kräfte können abrücken.
2. Für den Abtransport der unter 1c) bezeichneten Kräfte stehen die Sonderzüge »Adler« und »Dohle« an den vorgesehenen Stellen zur Verfügung. Bei etwaiger Verstärkung der bisher in Aussicht genommenen »Südstäbe« wird ein weiterer Sonderzug die überzähligen Kräfte zunächst in Lichterfelde-West und danach in Michendorf aufnehmen.
3. Die Sonderzüge gehen mit dem Endziel Garmisch am 13. April 1945, 19 Uhr, ab. Die Zubringer-Autobusse fahren ab 15 Uhr von den in den Anlagen zur Aufzeichnung vom 10. April 1945 bezeichneten Plätzen ab.
4. Für den Fall, daß später auch für die unter 1a) genannten engsten Führungsstäbe das Abrücken angeordnet werden sollte, ist mit einem Abtransport auf dem Schienenwege nicht mehr zu rechnen.
5. Falls größere oder kleinere Arbeitsstäbe nach einem anderen als dem durch die Sonderzüge zu erreichenden Raume verlagert werden sollten, ist dies außerhalb der Transportbewegung Thusnelda, gegebenenfalls mit Hilfe der Reichsbahn durchzuführen.

(Klaus Scheel, Die Befreiung Berlins 1945. Eine Dokumentation, 2. Aufl., Berlin 1985, S. 79)

*Notizen Hellmuth Reymanns »Ich sollte die Reichshauptstadt verteidigen«*

Bei einer der letzten Besprechungen fragt mich Goebbels, wo ich meinen Gefechtsstand einzurichten gedenke, wenn der Kampf um Berlin beginnt. Ich antworte: ›Zunächst bleibe ich am Hohenzollerndamm. Wenn ich dort herausgeschossen werde, verlege ich meinen Gefechtsstand in den Bunker des Ersatzheeres in der Bendlerstraße!‹ Darauf sagt Goebbels: ›Ich gehe in den Zoo-Bunker. Kommen Sie doch auch dorthin!‹ Ich antworte: ›Das möchte ich nicht! Es kann passieren, daß die politische und militärische Führung mit einem Schlage ausfällt. Außerdem ist der zirka 15 000 Menschen fassende Zoo-Bunker immer mit Menschen überfüllt, so daß eine militärische Führung kaum möglich sein wird!‹ . . . Wenige Tage später bin ich zum Lagevortrag bei Hitler. Dabei wird ebenfalls die Frage meines Gefechtsstandes im Falle einer Einschließung erörtert und ich vertrete den selben Standpunkt wie vor Goebbels. Aus Hitlers Bemerkungen erkenne ich, daß er mit Goebbels darüber gesprochen hat. Hitler stimmt meiner Ansicht zu und sagt: ›Da haben Sie recht. Ich gehe im letzten Augenblick aus der Stadt heraus, dann können Sie in die Reichskanzlei!‹ Hitler hatte Anfang April 1945 noch die Absicht, Berlin vor der Einschließung zu verlassen. Vorbereitungen für eine Verlegung des Führerhauptquartiers nach Süddeutschland laufen an . . . Schon unter meinem Vorgänger sind in Berlin und Umgebung alle Brücken zur Sprengung vorbereitet worden. Mit dieser Frage werde ich immer wieder befaßt, zumal mir der Fall der nicht rechtzeitig gesprengten Rheinbrücke von Remagen und seine Folgen bekannt ist. Es sind für alle Berliner Brücken genaue Anweisungen an die Brückenkommandanten ausgegeben worden, die darin gipfeln, die Brücken nur im äußersten Notfall zu sprengen. Diesbezüglich werde ich eines Tages zu Speer gerufen.

In einem sparsam möblierten Raum liegt auf einem Tisch der Stadtplan von Berlin. Speer zeigt mir hierauf die Brücken, die er von einer Sprengung ausgenommen haben möchte. Es sind 10 oder 12 der wichtigsten Brücken, so zum Beispiel die Brücke bei Neubabelsberg und die Havelbrücken bei Spandau. Ich erhebe dagegen Einspruch, weil mit diesen Brücken die Verteidigung steht und fällt. Speer beruft sich abermals – wie im Falle Ost-West-Achse – auf den von Hitler erhaltenen Wiederaufbaubefehl und auf die Versorgung Berlins nach dem Ende des Krieges.

(Hellmuth Reymann: »Ich sollte die Reichshauptstadt verteidigen!« 6. März bis 24. April 1945. Erinnerungen des Berliner Kampfkommandanten in: Damals 5 / 1984, S. 424ff.)

*Aufruf des Generalstabschefs des Heeres, General Hans Krebs,*
*an alle Generalstabsoffiziere der Ostfront vom 16. April 1945*

In Zusammenhang mit der Entwicklung der Lage im Westen besteht die Gefahr, daß an der Ostfront – gefördert durch eine geschickte Feindagitation – Auffassungen entstehen, die geeignet sind, die Widerstandskraft unserer hier kämpfenden Truppen entscheidend zu schwächen.

Es handelt sich dabei um die Behauptung, die Kriegsentscheidung sei bereits durch den Zusammenbruch der Westverteidigung des Reiches zugunsten unserer Feinde gefallen – mit der Folgerung, erneute Opfer bei der Abwehr bevorstehender bolschewistischer Großangriffe seien zwecklos und deshalb nicht mehr zu verantworten – und um den Entschluß, für eine anscheinend aussichtslose Sache das Leben nicht mehr einzusetzen oder sogar zu versuchen, es sich unter allen Umständen und mit allen Mitteln zu erhalten! Jeder Soldat muß sich bewußt sein, daß in diesen Gedankengängen Überheblichkeit und Willkür anstelle von Gehorsam und Treue getreten sind. Sie bedeuten letzten Endes die Zerstörung des inneren Zusammenhaltes der Truppe und Untergrabung der Manneszucht – mit dem Ergebnis des totalen Zusammenbruches der Reichsverteidigung und der Schaffung der Voraussetzungen für die Verwirklichung der Kriegsziele unserer Feinde.

In den angeführten Gedankengängen zeigt sich aber auch die unsoldatische Angst um das eigene Leben, welches man durch die Flucht nach dem Westen in den Machtbereich der Anglo-Amerikaner eher gewährleistet sieht, als im äußersten Widerstand gegen eine bolschewistische Offensive.

*Die zerstörte Reichskanzlei 1945*

Dabei ist diesen Soldaten trotz aller gegenteiligen Erfahrungen immer noch nicht klar geworden, daß die Absichten unserer Feinde im Osten und Westen nur in ihrer Methodik, nicht aber in ihrer Zielsetzung verschieden sind, das heißt, daß beide sich darin einige sind, das deutsche Volk mit Frauen und Kindern durch Hunger und Tod auszurotten.

Der Soldat im Osten muß daher von der unerschütterlichen Überzeugung durchdrungen sein, daß, wenn seine Front gegen die bevorstehende bolschewistische Offensive hält, weite Gebiete unserer Heimat vor Tod und Zerstörung durch einen erbarmungslosen Feind bewahrt bleiben –

die Voraussetzungen für eigene Operationen zur Festigung der Lage im Westen geschaffen werden –

sich ständig verschärfende Spannungen im Lager unserer Feinde zu unseren Gunsten auswirken können!

Jeder Soldat muß sich also darüber im klaren sein, daß das Halten der Ostfront in keiner Phase dieses Krieges militärisch und politisch von ausschlaggebenderer Bedeutung war als jetzt! Der Führer vertraut mehr denn je darauf, daß der bewährte Ostkämpfer den unmittelbar bevorstehenden bolschewistischen Ansturm in einem Blutbad erstickt und damit eine entscheidende Wendung des Krieges einleitet.

(BA / MA, H 14–32 / 2)

## Eine Berliner Legende: Tausende Tote im gesprengten S-Bahntunnel zwischen Anhalter und Stettiner Bahnhof

*Die Darstellung im Roman*

Die Nord-Süd-Linie der S-Bahn, Querverbindung zwischen den Scheitelpunkten des Nord- und Südbogens der Ringbahn, steigt kurz hinter dem Bahnhof Humboldthain in die Erde hinunter, läuft mit dem Stettiner Bahnhof und den Bahnhöfen Friedrichstraße und Potsdamer Platz unterirdisch unter Straßen, Plätzen und Häusern und taucht erst kurz hinter dem Anhalter Bahnhof wieder an die Oberfläche empor. Etwa einhundertfünfzig Meter hinter dem Anhalter Bahnhof ... unterfährt die Bahn zwischen der Schöneberger und der Möckernbrücke den Landwehrkanal, es ist die neuralgische Stelle des fünf Kilometer langen Tunnels, sie ist durch den Einbau einer großen Schottenkammer gegen Wassereinbruch gesichert ... Zwölf Jahre später sind es die gleichen Kreaturen, diesmal nicht im braunen Dreß der Partei, sondern in feldgrauen Uniformen der Waffen-SS, die Hand an ihr eigenes Werk legen. Was damals vielleicht menschliche Unzulänglichkeit und leichtfertige Fahrlässigkeit, geboren aus parvenühafter Prahlsucht, ist diesmal ein blutiges Verbrechen.

In jenen Tagen des April sind die Bahnsteige und Schalterräume des Anhalter Bahnhofs in ein Heerlager von Menschen verwandelt, in Nischen und Winkeln stehen Frauen, Kinder, Greise eng gedrängt oder sitzen auf kleinen Klappstühlen ... Dann wird ein langer Zug in den Bahnhof hineingeschoben, er besteht nicht aus rot-grün-gelb gestrichenen S-Bahnwagen, sondern aus schwarzgrauen Eisenbahnwagen mit grüngelbem Tarnanstrich und roten Kreuzen auf weißem Grunde, ein Lazarettzug, der vom offenen Gleis in die Sicherheit des Tunnels geleitet wird ... Stunde um Stunde verrinnt, eine Minute ist grau wie die andere, treibt trostlos müde vorbei ... Aber da erscheint SS, räumt rücksichtslos den Bahnhof und treibt die Menschen in die Schächte. Plötzlich preßt ein weit entfernter Schlag die Luft wie eine Fontäne durch den Tunnel ... Plötzlich schrillt ein Ruf wie ein Pfeil hoch: »Wasser!«

Die Menschen sind wie erstarrt. Wasser? Noch glauben sie es nicht ... Da gurgeln die Wasser schon heran ... Die Menschen kommen in Bewegung, werden zur tosenden, schreienden, brüllenden, schiebenden, stoßenden Masse. Schreie, Weinen, Gebete, Flüche, Lachen Wahnsinniggewordener gellen auf. Wo ist eine Rettung? Wo ist ein Ausweg? ... Es gibt nur eine Möglichkeit: durch den Tunnel einen Ausstieg oder den Bahnhof Potsdamer Platz zu erreichen, vor den Wassern davonzulaufen, schneller als das Wasser zu sein, sich in einem Wettlauf mit dem nassen Tod zu messen ... aber die Wellen rasen jetzt heran wie Apokalyptische Reiter, sie glucken nicht mehr leise, sie rauschen jetzt, überschlagen sich schmatzend, packen mit nasser Faust zu, verschlingen alles. Noch ein paar Rufe, ein paar erstickte Schreie, dann sinkt eine geisterhafte Stille in den S-Bahnschacht herein, eine Stille der Toten, eine Totenstille, nur die Wasser gurgeln, plätschern und rauschen, und über dem nassen Grab orgeln die Granaten noch ihr schauriges Lied.

Frauen, Kinder, Greise, verwundete Soldaten schwimmen als bläulich aufgeschwemmte Wasserleichen mit unförmig aufgedunsenen Leibern ruhelos zwischen Anhalter und Stettiner Bahnhof unter den Pflastern der Stadt Berlin, weil die SS die Untertunnelung des Landwehrkanals sprengte.

(Hans Rein, Finale Berlin, 6. Aufl., Berlin 1951, S. 553–556)

*Die Darstellung in der Wissenschaft 1986*

Am 27. April gab Hitler den folgenschweren Befehl, die Schleusen der Spree zu öffnen und die S-Bahn-Tunneldecke und Schottenkammern zwischen Schöneberger und Möckern-Brücke zu sprengen, um die

S- und U-Bahn-Schächte, in die die sowjetischen Soldaten immer wieder eindringen konnten, zu überfluten. Viele verwundete Soldaten und Zivilisten, die unter dem Anhalter und Potsdamer Bahnhof Schutz gesucht hatten, kamen dabei um.

(Gerd R. Ueberschär, Hitlers Tod in Berlin in: Gerd R. Ueberschär/Rolf Dieter Müller, Deutschland am Abgrund. Zusammenbruch und Untergang des Dritten Reiches 1945, Konstanz 1986, S. 161)

## *Die Darstellung in der Tagespresse 1994*

Dabei kommt es am 2. Mai zu einem Massaker an der eigenen Bevölkerung. SS-Männer sprengen, einem der letzten Befehle Hitlers folgend, um 7.55 Uhr die Sohle des Nord-Süd-Tunnels der S-Bahn am Landwehrkanal, um die Sowjets am Vordringen unter das Stadtzentrum zu hindern. Wassermassen schießen in den Tunnel, in dem Tausende Berliner Schutz gesucht haben. Über 800 Zivilisten ertrinken.

(Gunnar Schupelius, April/Mai 1945: Die letzten Tage der Reichshauptstadt in: Berliner Morgenpost, Sonderausgabe der Berliner Illustrierten Zeitung zum Abschied der Alliierten aus Berlin – 2./3. Juli 1994, S. 2)

## *Bericht des Hauptamtes für Grünplanung im Berliner Magistrat vom 31. August 1945*

Am 31. August fand in dem Dienstzimmer des Unterzeichneten eine Besprechung mit dem Leiter des Krematoriums Treptow, Herrn Laue, und dem Sachbearbeiter beim Bestattungsamt des Verwaltungsbezirkes Kreuzberg, Herrn Walther, statt.

Das Ergebnis dieser Besprechung ist folgendes:

Es ist mit einem Anfall von schätzungsweise bis zu 10 000 Leichen zu rechnen, welche aus dem durch die Kriegsereignisse unter Wasser gesetzten S-Bahn-Tunnel geborgen werden müssen. Bei den aufgefundenen Leichen handelt es sich um ausgesprochene Wasserleichen, welche infolge längeren Liegens in dem Wasser sehr schwer zu identifizieren sind. (Papiere sind inzwischen unkenntlich geworden und zum Teil auch nicht vorhanden.) Neben Zivilpersonen ist auch ein großer Teil von Wehrmachtsangehörigen in dem S-Bahn-Tunnel ums Leben gekommen. Im Tunnel sollen 2 voll belegte Lazarettzüge gestanden haben.

Eine Verbrennung sämtlicher anfallender Leichen ist aus folgenden Gründen unmöglich:

Nach Angabe des Leiters des Krematoriums Treptow, Herrn Laue, können pro Tag im Höchstfall eingeäschert werden:

im Krematorium Treptow        60 Leichen
im Krematorium Wedding        60 Leichen und
im Krematorium Wilmersdorf    40 Leichen,
mithin insgesamt täglich      160 Leichen.

Legt man die Zahl von 10 000 zugrunde, so ergibt sich hierbei eine Verbrennungszeit von ca. 2 Monaten, während welcher die Krematorien nicht imstande wären, die anderen anfallenden Leichen dort zu verbrennen. Aus diesem Grunde muß Erdbestattung der Leichen erfolgen.

Wegen des bereits fortgeschrittenen Verwesungszustandes der Leichen kann eine Benachrichtigung der Angehörigen der identifizierten Leichen nicht erfolgen.

Es wird deshalb vorgeschlagen, sämtliche Leichen in Massengräbern auf mehreren noch zu ermittelnden Friedhöfen beizusetzen. Grundsatz ist hierbei, möglichst Friedhöfe in nächster Nähe der Katastrophenstelle zu wählen, um die zur Zeit sehr schwierige Transportfrage lösen zu können . . .

(Landesarchiv Berlin, Außenstelle Breite Straße, Rep. 110, Nr. 169, Bl. 4 / 4v)

*Berechnung des Hauptamtes für Grünplanung für die Erdbewegung und die Arbeitszeit für Massengräber*

Es ist gedacht an 5 Reihen von Massengräbern, die je 100 m lang, 1,80 m breit und 3,00 m tief sein sollen. In dem einzelnen Grab sollen 3 Schichten Leichen übereinander bestattet werden . . . Es soll nun berechnet werden, wieviel Leichen in einer Grube beigesetzt werden können und welche Arbeitsleistung nötig ist, wenn
a) jede Leiche 66 2/3 cm Platz einnimmt, oder
b) 75 cm.

Zu a) Jede Grube würde in einer Schicht 150 Leichen, in 3 Schichten also 450 Leichen und in 5 Reihen 2250 Leichen aufnehmen . . .
Zu b) In einer Schicht würden je Grube 133 Leichen, in 3 Schichten also 400 Leichen und in 5 Reihen 2000 Leichen beigesetzt werden können . . .

(Landesarchiv Berlin, Außenstelle Breite Straße, Rep. 110, Akte 169, Bl. 6)

*Mitteilung des Bestattungsamtes Berlin-Mitte an die Hauptgartenverwaltung der Stadt Berlin vom 3. September 1945*

Betr.: Umbettung der aus der S-Bahn geborgenen Leichen
Die Bergung erfolgt durch die beim Bestattungsamt Mitte befindliche

Einsatztruppe. Die Beisetzung erfolgt auf dem alten Jüdischen Fried-hof, Große Hamburger Straße 25, in Massengräbern.

(Landesarchiv Berlin, Außenstelle Breite Straße, Rep. 110, Akte 169, Bl. 9)

*Aktennotiz des Hauptamtes für Grünplanung vom 10. September 1945*

Am 3. 9. 1945 fand eine Besichtigung der staatlichen Friedhöfe in der Lilienthalstr. und Columbiastr. statt . . .
Zweck der Besichtigung: Bestattung der Opfer, welche aus dem S-Bahn-Tunnel zwischen Stettiner- und Anhalter Bahnhof geborgen werden.
I. Heeresstandortfriedhof Lilienthalstr.
Auf dem Friedhof befinden sich zwei Freiflächen, welche für die würde-volle Bestattung der Opfer in Frage kommen und zwar links vom Ein-gang erhebt sich ein Hügel in einer Ausdehnung von 45 × 30 m. Hier ist es möglich, bis zu 1200 Einzelgräber herzurichten. Bei einem Massen-grab können ca. 2700 Leichen untergebracht werden. Die zweite Frei-fläche befindet sich rechts vom Eingang mit altem Baumbestand. Es handelt sich um eine Fläche von 40 × 38 m. Hier lassen sich 760 Einzel-gräber und ein Massengrab mit ca. 2800 Leichen herrichten.
II. Garnisonsfriedhof Hasenheide, Columbiastraße.
Dieser Friedhof ist zum größten Teil belegt. Aber auch hier können an 2 Stellen Massenbeerdigungen vorgenommen werden. Im ersteren Falle handelt es sich um eine südlich gelegene Freifläche, welche mit Gestrüpp bewachsen ist und eine Größe von 1480 qm hat. Hier lassen sich 600 Einzelgräber bzw. ein Massengrab mit 4400 Leichen herrich-ten. Die 2. Stelle befindet sich an der Columbiastr., Eingang 3. Hier war beabsichtigt, neue Verwaltungs- und Wohngebäude herzurichten. Von diesem Projekt wird aber abgesehen. Es handelt sich um eine Fläche von 1100 qm . . . Hier könnten 440 Einzelgräber entstehen. Bei einem Massengrab ist mit der Bestattung von 2520 Personen zu rech-nen.
Auf der Rückfahrt vom Friedhof wurde die Baustelle der Reichsbahn an der Möckernbrücke – Schöneberger Ufer besichtigt. Der Sach-bearbeiter der Reichsbahn, Herr Sagert, war nicht zugegen. Von ande-ren anwesenden Herren wurde erklärt, daß die Pumpen zur Absau-gung des eingebrochenen Wassers aus dem Tunnel im Gange sind, daß aber vor 2–3 Wochen an eine Besichtigung der Tunnelstrecke nicht zu denken ist. Das Wasser wird in den Landwehrkanal geleitet und zieht dann in die Spree ab. Es fiel auf, daß an der Baustelle ein sehr starker fauliger Geruch sich bemerkbar machte. Auf die Frage des Unterzeich-

neten, woher dieser Gestank käme, gaben die Herren der Reichsbahn dahingehend Auskunft, daß die Abwasser der Kanalisation von Berlin in den Landwehrkanal geleitet würden, da die Pumpwerke, welche dicht am Kanal liegen, alle durch die Kriegsereignisse beschädigt und daher nicht in der Lage sind, die Abwasser nach den Rieselfeldern zu pumpen.

(Landesarchiv Berlin, Außenstelle Breite Straße, Rep. 110, Akte 169, Bl. 10 / 10v)

*Bericht des Amtes für Bau- und Wohnungswesen über die Wiederinstandsetzung der Nord-Süd-S-Bahn bis Bahnhof Friedrichstraße vom 26. September 1945*

Durch Zerstörung bzw. Sprengung der beiden Wehrkammern ist der Tunnel vollständig unter Wasser gesetzt. Der Schlamm des seit Jahren nicht mehr gereinigten Landwehrkanals und auch die Fäkalienwässer der Stadt, die infolge Außerbetriebsetzung der hierfür bestehenden Pumpanlagen keinen anderen Abfluß haben, sind in den Tunnel eingedrungen.

Das Wasser des Landwehrkanals steht mit dem Tunnelwasser in Verbindung und verbreitet einen weit in die Stadt reichenden Verwesungsgeruch. Die Beseitigung dieses Seuchenherds wurde durch die Reichsbahn am 24. 5. 1945 in Angriff genommen. Die Untersuchung der Hauptschadensstelle am Landwehrkanal durch Tauchen ergab, daß die Stützen der Tunneldecke ... gesprengt wurden. Dadurch ist die Decke eingestürzt und der etwa 8 km lange Tunnel füllte sich mit etwa 900 000 cbm Wasser ...

Der Stand der Arbeiten ist z. Zt.:

a) im abgespundeten Teil des Landwehrkanals ist das Wasser soweit gesenkt worden, daß die Sohle sichtbar wird. Der Wasserstand im S-Bahn-Tunnel ist entsprechend gefallen ...

d) Die Pumpstation in der Ziegelstraße hat das Wasser im Abschnitt Wehrkammer Spree–Tunnel und Stettiner Bahnhof soweit abgesenkt, daß die Bahnsteige auf dem S-Bahnhof »Stettiner Bhf.« begehbar sind. Einige Leichen konnten geborgen werden. Säuberungsarbeiten werden vorgenommen ...

(Berlin. Quellen und Dokumente 1945–1951, 1. Hlbd., Hrsg. im Auftrag des Senats, Berlin 1966, S. 691/692)

*Bericht der Berliner Verkehrsbetriebe über die Aufbauleistungen*
*vom Mai bis Dezember 1945*

Bei Beendigung der Kampfhandlungen waren 6 U-Bahnhöfe durch Sprengungen vollständig zerstört ... Es kam hinzu, daß weite Strecken des U-Bahnnetzes mit ca. 35 Bahnhöfen durch Wassereinbrüche überflutet wurden.

Die Hauptmenge des Wassers in den U-Bahnanlagen kam durch eine Sprengung, die am S-Bahntunnel an dessen Kreuzung mit dem Landwehrkanal in der Nähe des Anhalter Bahnhofs vorgenommen wurde. Durch Zerreißung der Tunnelwand lief das Wasser des Kanals in den der Eisenbahn gehörenden Tunnel der S-Bahn, überschwemmte diesen und lief am Bahnhof Friedrichstraße durch den dortigen Verbindungsgang zur U-Bahn in diese hinüber und verteilte sich über die Streckenteile.

Eine zweite Wassereinbruchstelle lag an der Kreuzung der U-Bahnlinie A mit der Spree zwischen den Bahnhöfen Klosterstraße und Märkisches Museum. Hier waren beim Fliegerangriff in der Nacht vom 2. zum 3. April 1945 durch Bombentreffer im Spreebett Risse in der Tunnelwand entstanden. Bis zum Beginn der Kampfhandlungen in Berlin war es zwar mit Hilfe der Feuerwehr gelungen, das Wasser so weit auszupumpen, daß der Tunnel begehbar war und das ständig zulaufende Wasser von ca. 250 cbm je Stunde von den eingesetzten Pumpen wieder herausgeschafft werden konnte. Auch mit den Arbeiten für die provisorische Abdichtung war bereits begonnen worden. Infolge Treibstoffmangels für die Pumpen und Abzugs der Feuerwehr stieg das Wasser dann jedoch wieder an und verbreitete sich in beiden Richtungen sowohl zum Potsdamer Platz wie zum Alexanderplatz hin ...

(Berlin. Quellen und Dokumente 1945–1951, 1. Hlbd., Hrsg. im Auftrag des Senats, Berlin 1966, S. 693)

*Anfrage des Hauptamtes für Grünplanung an die Bestattungsämter*
*von Mitte und Kreuzberg vom 24. Oktober 1945*

Wir bitten um Mitteilung, wie weit die Bestattung der Leichen aus dem S-Bahn-Tunnel zwischen Stettiner- und Anhalter Bahnhof gediehen ist. Dabei bitten wir anzugeben, wieviele Leichen bisher geborgen und bestattet worden sind und auf welchen Friedhöfen die Beisetzungen stattfinden und wieviele Leichen schätzungsweise noch anfallen werden.

(Landesarchiv Berlin, Außenstelle Breite Straße, Rep. 110, Akte 169, Bl. 22)

*Bestattungsamt Mitte an das Hauptamt für Planung, Wohnungswesen und Grünplanung vom 26. Oktober 1945*

In obiger Angelegenheit wird mitgeteilt, daß bis zum heutigen Tage auf der Strecke vom Potsdamer Platz bis zum Stettiner Bahnhof insgesamt 43 Leichen geborgen worden sind. Nach Mitteilung der Reichsbahn wird die Entfernung des Wassers noch einige Zeit in Anspruch nehmen. Das Bestattungsamt erhält jeweils Mitteilung, wann ein Teil der Strecke von Wasser frei ist. Nach den bisherigen Ermittlungen ist nur noch mit einer geringen Anzahl von Leichen zu rechnen. Es ist sehr unwahrscheinlich, daß die Zahl 100 erreicht wird.

(Landesarchiv Berlin, Außenstelle Breite Straße, Rep. 110, Akte 169, Bl. 20)

*Bestattungsamt Kreuzberg an das Hauptamt für Planung, Wohnungswesen und Grünplanung vom 1. November 1945*

Anliegend übersenden wir Ihnen eine Abschrift der bisher geborgenen 14 Leichen, die sämtlich auf dem Standortfriedhof beigesetzt wurden.
Die im Bezirk Kreuzberg noch zu bergende Anzahl ist nach Ansicht des Reichsbahnneubauamtes nur gering. Es können nur noch Leichen unter den Trümmern der Sprengstelle liegen, da die Gleisanlagen frei von Leichen sind.

(Landesarchiv Berlin, Außenstelle Breite Straße, Rep. 110, Akte 169, Bl. 21. Eine Übersicht der Reichsbahn vom 19. Dezember 1945 gab die Gesamtzahl der im Tunnel geborgenen Leichen mit 83 an. Siehe Klaus Scheel, Die Befreiung Berlins. Eine Dokumentation, 2. Aufl., Berlin 1985, S. 21, Fußnote 12)

# Der Fall Berlins in der Literatur

*Die Stadt der Soldaten*

Berlin ist immer eine Stadt der Soldaten gewesen, aber diese Soldaten, die jetzt in der Gegend des Schlesischen Bahnhofs herumstreunen, sind doch von einer Art, wie sie Berlin bisher nicht kennengelernt hat. Berlin kennt Soldaten in Krieg und Frieden, ausmarschierende und heimkehrende, siegreiche und geschlagene Soldaten, es hat die Regimenter im preußischen Stechschritt bei den Kaiserparaden auf dem Tempelhofer Feld exerzieren sehen, es war Zeuge, wie sie im August 1914 singend und blumengeschmückt und unter Tränen bejubelt in den Krieg zogen und vier Jahre später zwar geschlagen, aber fast in gewohnter Ordnung zurückkehrten. Es freundete sich, nach vorübergehender Militärmüdigkeit, mit der neuen Reichswehr an, die in unverwüstlicher preußischer Tradition mit klingendem Spiel zur Wache am Ehrenmal Unter den Linden aufzog, und wurde ganz intim mit der neuen Wehrmacht nationalsozialistischer Prägung, die bei den Hitler-Paraden auf der Charlottenburger Chaussee stolz ihre neuen Errungenschaften und erstaunliche Vielfalt zur Schau stellte. Die Stadt erlebte schließlich im Jahre 1939 den sang- und klanglosen Ausmarsch der Regimenter aus den Kasernen, ohne daß einer der zahlreichen, sonst so beredten und redseligen Führer des Groß(mäuligen) deutschen Reiches sie einer Ansprache würdigte und ihnen versichert hätte, daß Gott mit ihnen sei. Noch einmal, und zwar im Herbst 1940, wurde die Stadt von einer gewaltigen soldatischen Welle überspült, als die Truppentransporte Tag und Nacht und Woche um Woche über die Stadtbahn und die Umgehungsbahnen von Westen nach Osten rollten, einem zwar geheimnisvoll gewisperten, aber dennoch offenkundigen Ziele entgegen. In den folgenden Jahren wurde die Stadt von unzähligen Urlaubern angelaufen und gekreuzt, diesen Urlaubern, die weniger deutschen Soldaten als türkischen Hamals glichen, die keuchend, schwitzend, triefend, mit gebeugtem Rücken, aber verklärten Gesichtern ungeheure Lasten, Kisten, Säcke, Rucksäcke, Tornister, Koffer, Kartons, Gepäck aller Art schleppten, soldatische Reiseandenken aus fremden unterworfenen Ländern.

Alle diese Kategorien von Soldaten gibt es heute in Berlin nicht mehr, die Stadt lernt jetzt einen neuen Soldatentyp kennen, der ihr bislang ferngeblieben ist, nämlich den müden, unrasierten, verdreckten, abgekämpften, ausgehungerten Soldaten: das Frontschwein.

(Hans Rein, Finale Berlin, Roman, 6. Aufl., Berlin 1951, S. 430)

## Das hat Berlin nicht gewollt

Das haben die Berliner nicht gewollt, daß ihre Häuser sich in brennende Kohlenmeiler verwandeln, daß die Ziegel von den Dächern wie Schwärme glühender Vögel durch die Straßen treiben, daß Trambahnschienen sich abrupt in den Himmel biegen, daß die Gas-, Wasserleitungs- und Kanalisationsröhren aus dem Bauch der Erde aufbrechen, daß glühender Staub vom Himmel fällt: das haben sie nicht gewollt, und welcher Stadt Begehren könnte wohl das pompejanische Schicksal des Begrabenwerdens unter Stürzen heißer Asche sein? Auch das Gespenst im Bunker der Voßstraße, das als letzten Boten nur noch über den Engel mit der scharfen Wippe gebietet und hinter Vorhängen aus Feuer und Rauch Zerstörungs- und Hinrichtungsbefehle in die brennende Stadt sendet, haben sie nicht gewollt!

»Laß dir das nicht einreden, mein Junge! Bei den letzten einigermaßen richtigen Wahlen – du warst damals noch ein Wickelkind – hat er in Berlin nur einunddreißig Komma drei Prozent Stimmen gekriegt!« 31,3 Prozent – Sanitätsfeldwebel Wustmann wußte es genau. »Das ist, abgesehen von Köln und Aachen, weniger als irgendwo in Deutschland. Nein, Berlin hat ihn nicht gewollt, hat ihn niemals beauftragt – und heute sich auf einen solchen Auftrag zu berufen, ist Quatsch, ist Schwindel, sage ich dir!«

(Theodor Plivier, Berlin. Roman, Wien – München – Basel 1954, S. 224)

## Am Großen Stern

»In kleinen Gruppen vorgehen«, kommandiert Meister Berndt. »Treffpunkt Großer Stern.« »Was sollen wir denn am Großen Stern?«, fragt einer der Männer. »Aufpassen, daß Hermann Göring sich den nicht umhängt«, meint ein anderer. Ich gondele allein los, zunächst in Richtung Brandenburger Tor, um die Lage zu peilen. Es ist noch nicht viel los im Tiergarten. Allmählich anschwellendes Artilleriekonzert. Einige Beobachtungsflugzeuge am Firmament. Ich finde ein russisches Flugblatt. Nun erfahre ich, daß Berlin tatsächlich von allen Seiten eingeschlossen ist. Da – ein deutsches Flugblatt. Joseph Goebbels läßt die letzte Ente aus dem Stall: Die Armee Wenck rückt von Westen heran und wird die Reichshauptstadt befreien.

Am Brandenburger Tor ein Schützengraben neben dem anderen. Darin junge SS-Leute. Einer von ihnen, in seinem Loch liegend, fragt mich: »Glaubst Du, daß die Armee Wenck kommt?« »Glaub ich nicht«, antworte ich. »Ich auch nicht«, meint der SS-Mann. Während ich noch bei ihm stehe, schlägt vor uns auf der Ost-West-Achse eine Granate ein,

114

daß der Dreck zum Himmel spritzt. Was ist los? Stehen die Russen schon am Lehrter Bahnhof? ... »Weshalb sollen wir hier eigentlich Bäume fällen?« fragt ein Kamerad.

»Die Armee Wenck kommt«, erwidert Meister Berndt. »Wir wollen die Ost-West-Achse verbreitern, damit hier Luftlandetruppen niedergehen können.«

»Möglich auch«, bemerke ich, »daß die Herren Hitler und Goebbels von hier aus starten, um der Armee Wenck entgegenzufliegen.«

(Kurt Brandenstein, Löschkommando Alex. Ein Tatsachenbericht, Berlin 1951, S. 150/151)

## Im Feuerzauber

Drachenköpfige Lichter über Berlin, platzende Sterne, rote und weiße; und wo sie niedergingen, stanzten sie aus dem nächtlichen Häuser- und Ruinenmeer einen hellen Kreis heraus ... Taghell erstrahlt der Dom und das Schloß mit der Schloßfreiheit und dem Lustgarten. Schloß, Schloßfreiheit und Lustgarten waren bereits von deutschen Truppen aufgegeben und die Schüsse der vom Alexanderplatz heranrückenden Spitze des Marschall Shukows fegten über die Schloßbrücke, schwirrten um das eingemauerte Reiterstandbild Friedrich II., streuten der ganzen Länge nach über die Straße Unter den Linden, die übersät war mit den Wagen von Trossen, mit Protzenwagen, Geschützen, toten Pferden und gefallenen Soldaten.

Taghell erstrahlte am anderen Ende der Straße Unter den Linden das Brandenburger Tor. Die Säulen geborsten, die Seitenflügel ausgebrannt, das Viergespann auf der Dachzinne – schon einmal auf Reisen, im Jahre 1807 und 1814 zurückgekehrt – erdröhnte hohl unter aufprallenden Schüssen. Die Füße der Rosse zersplitterten wie Schäfte aus Glas, ihre Flanken wurden durchlöchert, ihre metallenen Köpfe brachen ab. Die Zügel in der Hand des beflügelten Wagenlenkers schleiften, und das Zepter mit dem Preußenadler in der anderen Hand des Friedensengels baumelte geknickt nach unten.

Taghell erstrahlte das Zentrum des Aufruhrs, die Voßstraße und Wilhelmstraße, der Wilhelmplatz mit den zertrümmerten Bauwerken der Alten und der Neuen Reichskanzlei, des Auswärtigen Amtes und des Propagandaministeriums.

War Berlin vor einigen Tagen noch der Amboß, so war der übriggebliebene Teil des Stadtkerns nur noch der schmale Rücken einer Axt, auf den sich die gesammelte Wucht einer Kraft entlud, die einen Kontinent überrollt hatte. Artilleriegeschosse fuhren ohne Pause durch die hohlen

Ruinenschächte auf die darunterliegenden Betondecken des verzweigten Bunkerlabyrinths, die oberen Schichten bröckelten und zeigten klaffende Risse, und die Straßen waren aufgewühlt von Kratern, gespickt von den in dichten Schwärmen niedergehenden Granaten aus den in nächster Nähe aufgestellten Werferbatterien.

(Theodor Plivier, Berlin, Roman. Wien – München – Basel 1954, S. 284/285)

*Der Bunker*

In einem Garten zwischen Wilhelm- und Hermann-Göring-Straße flankiert von alten Adelshäusern, deren kalte klassisch-eklektizistische Fassaden den aufgeschwemmten, protzig hochgestemmten Gebäudemassiven eines inferioren Bauwillens gegenüberstehen, hockt inmitten eines spärlichen Rasens ein viereckiger, grau-grüner Betonklotz, dem eine Halbrundung wie ein Wespennest angefügt und ein spitzer Kegel beigesellt ist. Dieser Betonklotz schirmt den Eingang zu einer Höhle ab, die nach neudeutschem Sprachgebrauch als Bunker bezeichnet wird, er liegt zwei Stockwerke unter der Erde, siebenunddreißig Stufen führen zwölf Meter tief in die absolute Bombensicherheit eines Luftschutzraumes hinab. Die vornehme Nachbarschaft der alt- und neupreußischen Residenzhäuser schließt aus, daß es sich hier um einen gewöhnlichen Luftschutzraum handelt, mit rohen Mauerwänden, feucht und modrig, flüchtig weiß überkalkt, mit ein paar kümmerlichen Absteifungen aus Baumstämmen, roh gezimmerten Bänken, ungenügender Beleuchtung, ohne Heizmöglichkeit, mit schlechter Belüftung, es ist ja auch kein Volksbunker, der Hunderte oder Tausende von Menschen auf engstem Raum zusammenpreßt, mit preußisch-kahlen Räumen, schmal wie ein Handtuch, zwei Pritschen übereinander oder primitiven Bänken und engen Kellergängen, es ist auch kein behelfsmäßiger Schutzraum in zugigen S- oder U-Bahnhöfen, nein, der Bunker, von dem hier die Rede ist, ist ein Meisterwerk der Luftschutzarchitekten, sie haben sich keine Sparsamkeit an den kostbaren Rohstoffen Hitler-Deutschlands, Stahl und Beton, aufzuerlegen brauchen und das kostbare Material tief in die Erde versenkt und gut geborgen.

Dieser Bunker, der unter einer dreieinhalb Meter dicken Betondecke liegt (und für den schon das Material bereit liegt, um sie um weitere anderthalb Meter zu verstärken), enthält eine Anzahl Zimmer, die sich durch die Art ihrer Möblierung deutlich voneinander unterscheiden und sofort erkennen lassen, daß sie nur einem Benutzer (und seiner Dienerschaft) zur Verfügung stehen. Es ist nicht uninteressant, einen kurzen Blick in die Räume dieses ungewöhnlichen, einmaligen Bunkers zu

116

tun. Nächst ein paar einfachen Räumen, auf die man das Adjektiv soldatisch-schlicht anwenden kann und die nur zweckmäßig einfach sind, da sie nicht für den Privatgebrauch bestimmt sind … führt, nachdem man vier schwere, eiserne Türen passiert hat, ein breiter Gang vorbei an einer Art Bürozimmer in die eigentlichen Privaträume, Herrenzimmer, Schlafzimmer, Boudoir, Küche, Bad, alles erlesen und zweckmäßig eingerichtet. Die Zimmer sind mit weichen wertvollen Teppichen, das Bad ist mit weißen Kacheln ausgelegt, mit erstklassiger Entlüftungsanlage und elektrischer Raumheizung versehen, weiche Polsterbänke, tiefe Sessel, mildes Licht ausstrahlende Beleuchtungskörper, kostbare Gemälde, fahrbare Teetische, Bücherschränke, gemütliche Nischen, eine Hausbar, eine Frisiertoilette mit vielfältigen Kosmetika, eine Bettcouch, überzogen mit schwerer Brokatseide, Stilmöbel aus herrlichen ausländischen Edelhölzern zählen gleichfalls zu den unentbehrlichen Requisiten dieses Luftschutzraumes. Es ist nichts vergessen, was einem bescheidenen und anspruchslosen Sohne des arbeitenden Volkes, der – wie sein Fürsprech es verkündete – in asketischer Entsagung nur zwischen Feldbett und Schreibtisch lebt, und seiner Konkubine das spartanisch einfache Leben zu den wenigen Stunden etwas erleichtert, da haßerfüllte feindliche Flieger Stahlbehälter mit Pulverinhalt, genannt Bomben, auf die Stadt herabfallen lassen, kein störendes Geräusch dringt in die Eremitage, nicht das Heulen der Sirenen, das Singen der Flugzeugmotoren und das Dröhnen der Kanonen, weder das Rauschen und Pfeifen der Bomben noch das Krachen der Explosionen, das Poltern zusammenstürzender Häuser und das Prasseln der Feuer, auch nicht die Schreie der Getroffenen und die Flüche des Volkes.

(Hans Rein, Finale Berlin. Roman, 6. Aufl., Berlin 1951, S. 556/557)

## Das brüllende Berlin

Berlin brüllte – auf hundert und abermals hundert Höfen standen zusammengetriebene Männer, in hundert und abermals hundert Kellern wanden sich Frauen unter den Griffen aus der Nacht aufgefahrener Lemuren. Berlin, die jüngste unter den europäischen Hauptstädten und doch Siedlungsboden seit der Zeit der Pfahlbauten: Pfahlsiedlung, Markstadt, Kurfürstenstadt, Festungsstadt, Soldatenstadt, Landeshauptstadt, endlich Metropole des Deutschen Reiches und größtes Industriezentrum des Kontinents, fast ein Jahrtausend zu Stein geronnener Geschichte – es wurde zermahlen, zerbrochen, zerhackt, verstümmelt, noch der Torso wurde in Stücke geschlagen und zerstoßen …

Brand und Mord – und die Ziehharmonika spielte . . . Letzte Zuckung eines Krieges, der sich von den Pyrenäen bis zur Wolga und vom Nordkap bis zu den ägyptischen Pyramiden ausgedehnt hatte, und hier zu seinem Ausgangspunkt zurückkehrte.

(Theodor Plivier, Berlin. Roman, Wien – München – Basel 1954, S. 313)

## Wie starb Adolf Hitler?

*1. Die Aussagen von Augenzeugen*

*Die erste Version von Reichsjugendführer Artur Axmann*
*zum Nürnberger Hauptkriegsverbrecherprozeß 1945:*

Als wir eintraten, sahen wir den Führer auf einem kleinen Diwan sitzen und neben ihm Eva Braun, deren Kopf an seiner Schulter ruhte. Der Führer war nur leicht vornübergebeugt, und jeder konnte sehen, daß er tot war. Sein Kiefer hing irgendwie locker herunter, und eine Pistole lag auf dem Boden. Von beiden Schläfen tropfte Blut, und sein Mund war blutig und verschmiert, aber es war kein Blut verspritzt . . . Ich glaube, daß Hitler erst Gift nahm und sich dann durch den Mund erschoß und die Erschütterung durch diesen gewaltigen Explosionsdruck das Blut an den Schläfen des Führers verursachte.

(H. R. Trevor-Roper, Hitlers letzte Tage, Berlin 1965, S. 36)

*Die zweite Version von Reichsjugendführer Artur Axmann 1965*

Ich ging hinüber zu den Privaträumen Hitlers. Dort stand vor dem Eingang der SS-Sturmbannführer Günsche. Er sperrte ihn förmlich mit seiner hühnenhaften Gestalt. Er bedeutete mir kurz, daß er vom Führer Befehl habe, keinen Besucher mehr einzulassen. Darüber sprach ich mit Dr. Goebbels. Wir begaben uns in den Lagerraum neben Hitlers Räumen. Dort trafen wir Martin Bormann. Keiner setzte sich. Wir sahen uns wortlos an.
So lange, bis Goebbels fragte: »War da nicht ein Schuß?« Er hatte sich nicht getäuscht. Günsche meldete uns: »Der Führer ist tot!« Es war 15.30 Uhr.
Mit Goebbels und Bormann folgte ich Günsche in Hitlers Wohnung. Hinter der Tür blieben wir stehen und grüßten mit erhobenen Arm.
An der Wand uns gegenüber saß Hitler in der rechten Ecke eines kleinen Sofas. Er trug Uniform: eine schwarze lange Hose und einen feldgrauen Rock mit dem goldenen Parteiabzeichen und dem EK I. Sein

Oberkörper war nach rechts geneigt, sein Kopf etwas nach hinten gelehnt. Gesicht und Stirn waren auffallend weiß. Über beiden Schläfen führte ein schmales Blutrinnsal nach unten. Die Augenlider waren nahezu geschlossen, der Unterkiefer leicht verschoben. Der linke Arm lag am Körper, der rechte hing außen an der Lehne des Sofas herab. Auf dem Polster waren Blutspritzer. Die Pistole lag auf dem Teppich. Hitler hatte sich in den Mund geschossen.

Neben ihm saß Eva Braun in einem schwarzen Kleid. Sie lehnte an Hitlers Seite, ihr Kopf ruhte an seiner Schulter. Ihre Augen waren geschlossen, ihre Lippen leicht geöffnet. Der Körper wies keine Zeichen gewaltsamer Einwirkung auf; sie machte den Eindruck einer Schlafenden. Eva Braun hatte sich vergiftet.

(Artur Axmann, Das Ende im Führerbunker, in »Stern« vom 2. Mai 1965, S. 82/83)

*Bericht von Hitlers Chauffeur Erich Kempka 1950*

Im Augenblick, wo ich den Führerbunker betrat, verließ Günsche den Arbeitsraum Hitlers, so daß wir uns im Lagervorraum trafen. Seine Züge hatten sich sichtbar verändert.

Totenbleich und verstört schaute er mich an. »Um Gottes willen, was ist denn passiert, Otto« stieß ich hervor. »Du bist wohl wahnsinnig geworden, von mir zu verlangen, daß ich bei einem derartigen Artilleriebeschuß Benzin hierherbringe und das Leben von einem halben Dutzend Männern gefährde.«

Günsche schien meine Worte nicht gehört zu haben. Er stürzte zu den Türen und schloß sie.

Dann drehte er sich zu mir, sah mich mit weitaufgerissenen Augen an und sagte: »Der Chef ist tot!«

Ich war wie vor den Kopf geschlagen ...

Günsche ist so erschüttert, daß er keine Worte findet. Er hebt nur den rechten Arm und deutet mit einer zum Pistolengriff geformten Faust nach seinem Munde.

»Und wo ist Eva?«, fragte ich tief bewegt.

Günsche deutet mit der Hand auf die nun wieder geschlossene Tür zum Zimmer des Chefs.

»Sie ist bei ihm.«

Nur mühsam erfuhr ich den Ablauf der letzten Stunden.

Der Chef hatte sich in seinem Arbeitsraum mit seiner Pistole durch den Mund geschossen und war dann mit dem Kopf vornüber auf die Tischplatte gesunken.

Eva Hitler saß, schräg gegen die Lehne der Polsterbank gesunken, neben ihm. Sie hatte sich vergiftet.

(Erich Kempka, Ich habe Adolf Hitler verbrannt, München o. J., S. 108)

*Bericht von SS-Brigadeführer Johann Rattenhuber,*
*Leiter des Reichssicherheitsdienstes im Führerhauptquartier 1951*
*in sowjetischer Kriegsgefangenschaft*

Gegen 13 Uhr stand ich wieder auf, ging die Posten ab und kam gegen vier Uhr in den Führerbunker. Hier teilte mir Linge mit, daß der Führer Selbstmord begangen habe und (Linge) den schwersten Befehl Hitlers ausgeführt habe.

Wie ich von Dr. Stumpfegger wußte, hat er für den Führer und seine Frau Zyankali besorgen müssen. Nach der Nachricht Linges war ich trotz der Verabschiedung durch Hitler vollkommen niedergeschlagen. Ich setzte mich auf einen Stuhl nieder, und Linge sagte mir, daß die Leichen beim Notausgang im Garten verbrannt wurden. Ferner teilte er mir mit, daß auf dem Teppich ein Blutfleck sei; als ich ihn erstaunt ansah, da ich doch wußte, daß Hitler Zyankali genommen habe, sagte er mir, daß ihm Hitler befohlen habe, das Zimmer zu verlassen, und nach zehn Minuten, wenn er nichts mehr höre, es wieder zu betreten, um seinen Befehl auszuführen. Als ich sah, wie er die Pistole Hitlers auf den Tisch im Vorraum legte, wußte ich, was mit dem »schwersten Befehl« gemeint war... Ich bin zu dem Schluß gekommen, daß Hitler der Wirkung des Giftes auf seinen Organismus nicht ganz traute und deswegen seinem Diener Linge befohlen hat, nach einiger Zeit ins Arbeitszimmer zu gehen und ihn niederzuschießen.

(Lew Besymenski, Der Tod des Adolf Hitler. Die Endphase des Zweiten Weltkrieges aus sowjetischer Sicht, Berlin 1990, S. 229/230)

## 2. Die Aussagen der Historiker

*Der erste große Hitlerbiograph, der englische Historiker Alan Bullock 1954*

Nach dem Mittagessen holte Hitler seine Frau aus ihrem Zimmer, und beide verabschiedeten sich zum zweiten Mal von Goebbels, Bormann und den anderen, die im Bunker blieben. Dann zog sich Hitler mit Eva in seine Privaträume zurück und schloß die Tür. Es vergingen einige Minuten, während deren die anderen im Mittelgang warteten. Ein einziger Schuß ertönte.

Nach einer kurzen Pause öffnete die kleine Gruppe draußen die Tür. Hitler lag auf seinem Sofa, das blutüberströmt war: er hatte sich in den

Mund geschossen. Zu seiner Rechten lag, ebenfalls tot, Eva Braun: sie hatte Gift genommen. Es war Montag, der 30. April 1945, 3.30 Uhr nachmittags, zehn Tage nach Hitlers 56. Geburtstag.

(Alan Bullock, Hitler. Eine Studie über Tyrannei, Frankfurt am Main 1964, S. 843)

## Der amerikanische Publizist William L. Shirer 1960

Für Hitler und Eva Braun gab es ein solches Problem nicht. Sie brauchten sich nur selbst das Leben zu nehmen. Nachdem sie sich von den anderen verabschiedet hatten, zogen sie sich in ihre Zimmer zurück. Draußen auf dem Gang warteten Goebbels, Bormann und einige andere Personen. Wenige Minuten später ertönte ein Schuß. Sie warteten auf einen zweiten, doch es blieb still. Nach Ablauf einer gebührenden Frist betraten sie die Führerwohnung. Auf dem blutüberströmten Sofa sahen sie den Leichnam Adolf Hitlers liegen. Er hatte sich in den Mund geschossen. Neben ihm lag Eva Braun, die von ihrer Pistole keinen Gebrauch gemacht hatte. Sie hatte Gift genommen.

(William I. Shirer, Aufstieg und Fall des Dritten Reiches, München–Zürich 1963, S. 1185)

## Der sowjetische Historiker German L. Rosanow 1962

Während des Mittagessens, an dem wie üblich die Hitler am nächsten stehenden Personen teilnehmen, herrscht diesmal Grabesstille: Die Anwesenheit eines lebenden Leichnams legt sich dumpf auf alle. Sie warten voller Ungeduld, daß Hitler ihnen endlich die Hände frei macht. Hitler und Eva Braun verabschieden sich schließlich von den Anwesenden und begeben sich in ihre Privaträume. Zunächst tötet Hitler, um die Wirksamkeit des Giftes festzustellen, seinen Hund und dessen vier Junge. Dann aber zögert er noch immer. Schließlich jedoch wird alles von der Furcht überdeckt, lebend in die Hände der Alliierten zu fallen und die Sühne für seine Verbrechen auf sich nehmen zu müssen. Vor der Tür warten ungeduldig Bormann, Goebbels, Axmann und Hitlers Kammerdiener, Sturmbannführer Linge. Endlich, die Uhren zeigen 15.09 Uhr, ist ein Schuß zu hören … Hitler hat sich in den Mund geschossen, Eva Braun Gift genommen.

(German Rosanow, Das Ende des Dritten Reiches, Berlin 1965, S. 197/198. Erstmals in russisch erschienen unter dem Titel Poslednie dni Gitlera, Moskau 1962)

### 3. Gesäte sowjetische Zweifel am Pistolenselbstmord Hitlers

*Die seinerzeitige Dolmetscherin der Smersch-Abteilung
Leutnant Jelena Rshewskaja 1965*

Wir lagen in Berlin-Buch. Hier hatte eine Kommission von Militärärzten unter dem Vorsitz des Oberstleutnants des medizinischen Dienstes Schkarawski die Leichen seziert.»Am vom Feuer beträchtlich verstümmelten Körper konnten keine sichtbaren Spuren tödlicher Verletzungen oder Erkrankungen festgestellt werden... Im Mund wurden Glassplitter gefunden, Teile der Wände und des Bodens einer dünnwandigen Ampulle.«

Nach gründlicher Untersuchung kam die Kommission zu dem Schluß: »Der Tod trat im Ergebnis einer Vergiftung durch Zyankaliverbindungen ein.«

Anzeichen anderer Todesursachen wurden nicht festgestellt.

Heute behaupten westliche Forscher, Journalisten und Memoirenschreiber halsstarrig, daß Hitler sich erschossen hätte. Die einen sind schlecht informiert, die anderen möchten die Umstände seines Todes glorifizieren.

Doch daran war nicht zu rütteln, Hitler hatte sich vergiftet.

(Jelena Rshewskaja, Hitlers Ende ohne Mythos, Berlin 1967, S. 90)

*Der seinerzeitige Abwehroffizier Lew A. Besymenski 1990*

Dann kamen nach und nach die Berichte, daß sich Hitler erschossen habe. Diese Version hat sich in den verschiedenen Memoiren und auch in vielen geschichtlichen Forschungsarbeiten behauptet... Bis zu einer bestimmten Zeit war die Pistolenschußversion auch in sowjetischen Veröffentlichungen verbreitet...

Die Moskauer Untersuchungsbeamten haben sich trotzdem mit der Hypothese des Schusses beschäftigt. Die Möglichkeit, daß sich Hitler zunächst erschossen und dann noch Gift genommen habe, wurde von vornherein ausgeschlossen. Auch die umgekehrte Reihenfolge erschien unwahrscheinlich. Da Zyankali augenblicklich wirkt, ist kaum anzunehmen, daß ein Mensch, der eine Giftampulle im Mund zerdrückt, nachher noch den Hahn abdrücken kann... Diese dritte Variante lief darauf hinaus, daß jemand Hitler, nachdem er das Gift genommen hatte, sozusagen sicherheitshalber niedergeschossen habe. Diese Annahme habe ich in der 1. Auflage meines Buches geäußert... Doch wer kam dafür in Frage? In der unmittelbaren Umgebung hielten sich Adjutant Günsche, Kammerdiener Linge, Chef der Leibwache Rattenhuber, Chefpilot Baur und Reichsleiter Bormann auf. Die sowjetischen Untersuchungsrichter neigen zu der Ansicht, daß der Feigling Bormann schwerlich diese Tat hätte ausführen können… Während Rattenhuber glaubte, daß Linge den »Schuß« abgefeuert hatte, waren manche sowjetische Forscher der Meinung, daß Günsche der Schütze war. Aber wie dem auch sei, eines ist klar: Der Schuß im geschlossenen Zimmer ist beileibe kein Beweis für den »Offizierstod« des Kriegsverbrechers Nr. 1. Schon möglich, daß Hitler wie ein Hund niedergeschossen wurde, zumal auch sein Hund, nachdem er vergiftet worden war, zusätzlich noch mit einem Schuß niedergestreckt wurde.

(Lew Besymenski, Der Tod des Adolf Hitler. Die Endphase des Zweiten Weltkrieges aus sowjetischer Sicht, Berlin 1990, S. 221–231)

## Der britische Historiker H. R. Trevor-Roper
### über mutmaßliche Gründe der sowjetischen Giftselbstmordtheorie

Warum erwähnten aber die Russen in ihrer Version von Hitlers Tod nichts von der Pistole? Dafür gibt es eine sehr vernünftige Erklärung, die zwar nur eine Mutmaßung ist, jedoch durchaus zutreffen mag. Die Russen könnten Hitlers Art des Selbstmordes aus demselben Grund unterschlagen haben, aus dem Hitler sie wählte: weil es ein Soldatentod war… Der Soldatentod hätte den Deutschen heroisch erscheinen können, den Selbstmord durch Gift mögen die Russen daher als die angemessenere Version erachtet haben… Und außerdem scheint mir dem russischen Argument, wenn ich es richtig verstanden habe, eine unheilvolle, stillschweigende Voraussetzung zugrundezuliegen. Könnte es nicht sein, daß die Russen, wenn sie die Wahrheit fürchten, an deren Macht glauben? Glauben sie, Hitlers Regierung wäre ruhmreich, sein Ende in Wahrheit glorios und eine Geheimhaltung notwendig, damit sich diese Ansicht nicht verbreite? Es ist eine Ansicht, die ich nicht teile. Mir scheint, obwohl ich vielleicht einen zu naiven Glauben an die menschliche Natur und Vernunft habe, daß das Hitlerregime so schlecht und Hitlers Charakter so abscheulich war, daß niemanden die Beschreibung seines Lebens oder seines melodramatischen und bühnenwirksamen Endes dazu verführen könnte, ihn zu bewundern.

(H. R. Trevor-Roper, Hitlers letzte Tage, 3. Aufl., Frankfurt a. Main–Berlin 1965, S. 37/38)

## Erich Kuby's These von der Tötung Hitlers durch Eva Braun

Hitler war kein Linkshänder, so daß man sich fragen muß, warum er, falls er sich erschoß, dazu die linke Hand benutzte, die zudem die vielleicht doch stärker zitternde gewesen ist. Es bietet sich dafür eine einleuchtende Erklärung: Seine Frau saß links von ihm, wenn er sich mit der Rechten in die rechte Schläfe geschossen hätte, so wäre es möglich gewesen, daß die den Schädel durchschlagende Kugel Eva Hitler getroffen und verunstaltet hätte.

Aber es gibt noch eine zweite Möglichkeit: Nicht Hitler selbst hat sich, sondern seine Frau hat ihn erschossen, und die Pistole auf den Boden geworfen, bevor sie Gift nahm. Es sind keine Fingerabdrücke von dieser Pistole genommen worden, und niemand wird diese Frage so oder so entscheiden dürfen. Daß sie bisher nicht einmal gestellt wurde, ist erstaunlich wie so vieles in diesem Zusammenhang.

(Erich Kuby, Die Russen in Berlin in »Der Spiegel«, Nr. 22 vom 26. Mai 1965, S. 110)

### Die Hypothese vom Doppelselbstmord Adolf Hitlers

Was sich nun, wenige Minuten vor 15.30 Uhr, im Wohnzimmer Hitlers abspielte, hat kein Dritter miterlebt… Die folgende Darstellung stützt sich auf die Wiedergabe dieser Schilderung durch Professor Schenk und auf die Feststellungen, die unmittelbar nach dem Tod Hitlers und seiner Frau an den beiden Leichen und am Tatort getroffen wurden: Hitler nahm seine beiden Pistolen und behielt die größere vom Kaliber 7,65 mm, die er seit dem 22. April in der Rocktasche getragen hatte, in der rechten Hand. Die andere (6,35 mm), die er seit vielen Jahren stets in einer besonderen ledernen Hosentasche mit sich zu führen pflegte, legte er für den Fall einer Ladehemmung auf den Wohnzimmertisch. Dann setzte er sich auf den (von der Tür zum Wohnzimmer aus gesehen) linken Eckplatz des kleinen Sofas und schob eine Blausäurekapsel in den Mund; eine zweite legte er als Reserve auf den Tisch. Seine Frau streifte ihre schwarzen Wildlederhandschuhe ab und hockte sich mit hochgezogenen Knieen in die andere Ecke, etwa 30 Zentimeter von ihrem Mann entfernt. Einer auseinanderziehbaren Kunststoffhülse entnahm sie eine Giftkapsel und legte ihre kleine Pistole ebenfalls vor sich auf den Tisch, neben einem himbeerfarbenen Seidenschal. Hitler setzte die Mündung der 7,65-mm-Pistole senkrecht, etwa in Augenhöhe, direkt an seine rechte Schläfe, drückte ab und zerbiß in einem einheitlichen letzten Willensakt zugleich die Giftampulle.

(James P. O'Donnel/Uwe Bahnsen, Die Katakombe. Das Ende in der Reichskanzlei, Stuttgart 1975, S. 211)

124

## 4. Sowjetische Obduktionsberichte im Widerstreit

*Aus dem Obduktionsbefund des Chirurgischen Armeefeldlazarett der Roten Armee vom 8. Mai 1945*

An dem durch Feuer stark verunstalteten Körper wurden keine sichtbaren Zeichen schwerer tödlicher Verletzungen oder Erkrankungen festgestellt.

Das Vorhandensein der Überreste einer zerdrückten Glasampulle in der Mundhöhle und gleichartiger Ampullen in den Mundhöhlen anderer Leichen..., der ausgeprägte Bittermandelgeruch, der von den Leichen ausgeht... und die gerichtschemische Untersuchung der inneren Organe, wobei Zyanverbindungen festgestellt wurden... gestatten der Kommission den Schluß, daß der Tod in diesem Falle durch Vergiftung mit Zyanverbindungen verursacht wurde.

(Lew Besymenski, Der Tod des Adolf Hitler. Die Endphase des Zweiten Weltkriegs aus sowjetischer Sicht, Frankfurt a. Main 1990, S. 184)

*Aus dem Obduktionsprotokoll von Professor Semjowski im Auftrag des sowjetischen Innenministeriums vom Mai 1946*

Aus dem Protokoll ist überhaupt nicht ersichtlich, ob eine Untersuchung der Schädelbasisknochen stattgefunden hat, was in diesem Fall eine sehr große Bedeutung hat, weil die Obduzenten eine »Vielzahl kleiner Risse« in Nasenbein und Oberkiefer festgestellt haben.

Es sind keine Teile der am besten erhaltenen inneren Organe für die gerichtsmedizinische Untersuchung auf Anwesenheit von Zyanverbindungen entnommen worden.

Der Befund der Kommission, daß »der Tod des unbekannten Mannes infolge einer Vergiftung durch Zyanverbindungen erfolgte«, beruht nur auf dem Vorhandensein von zerdrückten Ampullenresten in der Mundhöhle und ist ein Analogieschluß zu der durch die Kommission festgestellten Todesursache von zwei (anderen) Männern, einer Frau und sechs Kindern. Diesen Befund dürfte man nur als Mutmaßung betrachten...

Der reuige Besymenski: »Es ist unschwer zu erraten, warum man mir im KGB ein Dokument mit solchen Befunden nicht gegeben hatte, mir, der ich den Leser zu der Schlußfolgerung bringen sollte, daß alles Gerede über ein Schuß ein Hirngespinst oder eine halbe Erfindung sei und daß Hitler sich in Wirklichkeit vergiftet habe.«

Bewiesen ist noch nichts. Das Protokoll der Nachobduktion durch

die drei Experten harrt in einem Moskauer Archiv der Veröffent-
lichung – dann erst ließe sich folgern wie Hitler wirklich starb.

(Hitlers letzte Reise. Neue Thesen des Moskauer Historikers Lew Besymenski über den Tod des Führers und den Verbleib der Leiche in: »Der Spiegel«, Nr. 30 vom 20. Juli 1992, S. 114/115)

*Eine unendliche Geschichte?*

Das Fernsehen der Gemeinschaft Unabhängiger Staaten (GUS) zeigte
vor einiger Zeit in einem Archivfilm das Bild einer Leiche, deren Gesicht dem Hitlers ähnelt, vor allem in dem charakteristischen Schnurr-
bart. Dazu wurde gesagt, Hitlers Leiche sei entgegen früheren Angaben unversehrt vom sowjetischen militärischen Geheimdienst gefunden worden. Sie sei dann mindestens sechsmal umgebettet, zuletzt in
der Nähe von Magdeburg bestattet und vernichtet worden. Man habe
befürchtet, die Begräbnisstätte könnte zu einem Wallfahrtsort für Neonazis werden.
Später berichtete die russische Tageszeitung »Istwestija« Hitlers Schädel sei jahrelang im Moskauer Staatsarchiv in einer Kiste mit der Aufschrift »Blaue Tinte für Füllfederhalter« aufbewahrt worden. Die Verfas-
serin des Berichts will den Schädel selbst in der Hand gehalten haben.
Der Hitler-Forscher Prof. Werner Maser (Universität Halle), Verfasser
des meistübersetzten Buchs über den Diktator, sagte jetzt zu Äußerungen des Direktors des Russischen Staatsarchivs, Sergej Mironenko,
über Hitlers angeblichen Schädelknochen in seinem Hause: »Dies ist
inzwischen die sechste Version der Russen, der Welt zu suggerieren,
daß sie im Mai 1945 in Berlin Teile der Hitler-Leiche gefunden hätten.
Daß ihre – zum Teil durchsichtig plumpen – Behauptungen kraß wider-
sprechen, hat sie nie daran gehindert, die angeblich nach Hitler-Hin-
terlassenschaften solcher Art gierende westliche Welt mit vermeintlich
effektvoll wirkenden Konstruktionen zu narren«...
Nach Ansicht des deutschen Historikers, der sich auf ihm glaubhaft
scheinenden Aussagen von Zeugen in der Reichskanzlei ihm selbst
gegenüber stützt, war von Hitler nach mindest zweieinhalbstündigem
Brennen der Leiche so wenig übriggeblieben, daß es für Untersuchungen nichts hergegeben hätte. Vom Kopf war nur noch ein verkohlter
Rest übrig, schon bevor der nahezu völlig verbrannte Leichnam in
einem Granattrichter begraben und die ihn zudeckende Erde mehrfach
festgestampft wurde. Auch seien später an der Stelle Geschosse einge-
schlagen. Es dürfte jedenfalls nichts gefunden worden sein, was über-
zeugend als Überrest Hitlers ausgegeben werden könnte.

Wie Maser sagte, ist es nun an der Zeit, daß in Moskau die einschlägigen militärischen Protokolle veröffentlicht werden und noch lebende Zeugen mitteilen, was die Rote Armee vor 48 Jahren in der Reichskanzlei tatsächlich gefunden hat. Das sei notwendig zu abschließender historischer Erkenntnis.

(Rudolf Grimm, Das unendliche Stochern in Hitlers Asche. Deutsche Historiker wiedersprechen Moskauer Versionen über die Leiche des Diktators in: »Berliner Zeitung« vom 14. September 1993)

## Nachkriegsbesucher der Reichskanzlei

*Erinnerungen des Cheftechnikers der Reichskanzlei, Johannes Hentschel, an den 2. Mai 1945*

Es wurde 9.00 Uhr. Wenige Minuten später, als der Cheftechniker gerade auf seiner Runde im Vorbunker war, glaubte er Stimmen zu hören. Jawohl, und zwar russische Stimmen. Oder wenigstens sicher keine deutschen. Und außerdem keine Männerstimmen. Rasch schaltete er die Lichter ein. Nun konnte er durch den Tunnel von der Reichskanzlei her ungefähr zwölf uniformierte Russinnen auf sich zukommen sehen. Zu seiner Überraschung waren es nur Frauen. Sie tuschelten, kicherten und lachten, bis die Hentschel bemerkten, der sofort die Arme hob, um zu zeigen, daß er nicht bewaffnet war.

Die meisten dieser uniformierten Frauen hatten große Taschen oder Seesäcke bei sich. Sie gehörten dem Sanitätskorps der Roten Armee an. Es waren keine Schwestern, wie Hentschel zuerst vermutete, sondern junge Ärzte und Praktikantinnen. Das schloß er aus dem bekannten medizinischen Symbol, dem Stab mit der Schlange... Sehr bald kam die erste Ärztin, die so gut Deutsch sprach, zum Kern der Sache. ›Herr Hentschel, wo sind die Klamotten?‹ Endlich dämmerte mir, was diese Russinnen eigentlich wollten. Der Sieger darf plündern. Nach langen heftigen Kämpfen im Felde waren diese Kriegerinnen darauf aus, anständige Zivilkleider zu ergattern. Das war nicht schwierig. Mit einem Seufzer der Erleichterung, daß es so glimpflich abging, führte ich sie hinunter ins Ankleidezimmer von Eva Braun. Dort stand eine Kommode, die das halbe Zimmer ausfüllte, und ich nahm an, daß sie vollgestopft war mit Reizwäsche. Ihr Kleid mindestens fünfmal am Tag zu wechseln, war Eva Brauns Hauptbeschäftigung im Bunker gewesen.

(James P. O. Donnell/Uwe Bahnsen, Die Katakombe. Das Ende in der Reichskanzlei, Stuttgart 1975, S. 376/377)

*Aus den Erinnerungen der Dolmetscherin der Abwehrabteilung*
*des 79. Schützenkorps Leutnant Jelena Rshewskaja an den 2. Mai 1945*

Das Hauptquartier Hitlers war in einem Luftschutzbunker unter der Reichskanzlei untergebracht. Im Bunker gab es mehr als fünfzig Zimmer, meist zellenartige Räume. Eine große Nachrichtenzentrale, Lebensmittelvorräte und eine Küche waren ebenfalls vorhanden. Dem Bunker schloß sich eine unterirdische Garage an. Vom Innenhof der Reichskanzlei gelangte man unter die Erde, und auch vom Vestibül führte eine ziemlich breite und flache Treppe hinunter. Von dieser Treppe aus gelangte man in einen langen Korridor mit vielen Türen. Um Hitlers Zufluchtsort zu erreichen, mußte man einen verhältnismäßig langen und umständlichen Weg zurücklegen. Vom Innenhof aber ging der Weg direkt in den »Führerbunker«, wie er hier genannt wurde...

In jenen Tagen im Bunker der Reichskanzlei mußte ich unzählige Schriftstücke und Dokumente sichten... Alle Schriftstücke in der Mappe waren auf einer Maschine mit sehr großen Buchstaben geschrieben worden. Nie zuvor hatte ich eine so seltsame Schrift gesehen. Ich war verblüfft. Als blickte man durch eine Lupe. Wozu das? Später erfuhr ich, daß Gertrud Junge, die Sekretärin Hitlers, alle Schriftstücke für ihn auf einer besonderen Maschine abschrieb. Aus Eitelkeit wollte Hitler keine Brille tragen... Einer unserer bedeutendsten Funde waren Goebbels' Tagebücher, ein Dutzend dicke Hefte, gedrängt mit steilen Buchstaben beschrieben, die eng aufeinandersitzen – schwer zu lesen.

(Jelena Rshewskaja, Hitlers Ende ohne Mythos, Berlin 1967, S. 21–25)

*Aus den Erinnerungen des sowjetischen Schriftstellers Boris Polewoi*
*an den 2. Mai 1945*

Unweit von hier befand sich die nach Plänen von Albert Speers, des Leibarchitekten Hitlers, eines seiner ersten Gefolgsleute, in klassizistischem Stil erbaute Reichskanzlei – von Dr. Goebbels schlicht »Pantheon des Nationalsozialismus« genannt. Doch ebenso wie Hitler, der sich gern mit Napoleon verglich, nicht mehr Ähnlichkeit mit dem Korsen hatte als ein Kater mit einem Löwen, glich die Reichskanzlei mehr einem renommierten Hotel in einer Touristengegend als einem Pantheon. Es war nicht das Ausmaß, das ihr fehlte, auch nicht die Anzahl der Säulen, sondern der geistige Gehalt. In ihr manifestierten sich bürgerlicher Utilitarismus riesiger technischer Mittel und totale geistige Armut... Unsere Soldaten durchwanderten die zerstörten Säle. Ein luxuriöser Kristallkronleuchter lag auf dem Boden und vergoldeter

Stuck zerbröckelter altrömisch verbrämter nazistischer Heraldik. Auf der Suche nach Berlin drehten Soldaten den riesigen Globus, Prunkstück im Kabinett Hitlers, vor dem er sich besonders gern fotografieren ließ. Ein langhaariger Hund, dem ein Witzbold ein Ritterkreuz umgehängt hatte, lief jaulend durch die Räume, bemüht, die lästige Auszeichnung loszuwerden... Zu dem mehrere Stockwerke tiefen Bunker führte eine Treppe. Das ganze Bauwerk erinnerte an riesige, in die Erde eingelassene Waben. Da die Ventilation mangels Strom nicht funktionierte, war die Luft feucht und stickig... An den Wänden eines kleinen Saales entlang wanderte der Lichtkegel der Taschenlampe bis zu einem mit grünem Tuch ausgeschlagenen massiven Tisch und dahinter aufgereihten Stühlen. »Das Konferenzzimmer«, erläuterte der Major. »Hier hielt Hitler seine morgendliche ›Lagebesprechung‹ über die militärische Situation ab.« An den betonierten Wänden hingen kunstvolle Gemälde in massiven vergoldeten Rahmen... Ich bat unseren Begleiter, die Gemälde zu beleuchten – es waren Gebirgslandschaften im Stil der alten Münchener Schule, die sich in der makabren Umgebung wie Gefangene auf einem Piratenschiff ausnahmen... Auf dem Weg zu einer der Türen stieß ich mit der Stirn gegen ein Hindernis, das sich, von der Taschenlampe beleuchtet, als metallener faschistischer Adler herausstellte. Neben dem Aufgang aufgehängt, verstellte er die polierte Tür.

»Die persönlichen Gemächer des Führers«, sagte der Major. »Hier haben sie sich das Leben genommen: er und seine Frau nebst dem Lieblingshund.«

Durch den Raum der Wache vom Dienst, ausgestattet mit einem Diwan, einem kleinen Tisch und mehreren Fernsprechapparaten, im geöffneten Schrank schwarze, geschwungene Uniformmützen mit der SS-Rune auf den Kragenspiegeln, gelangten wir in einen größeren Raum mit höherer Decke. An den Wänden sah man Gemälde Münchener Schule. Über einer Art Toilettentisch aus derselben Zeit hing ein Porträt Friedrichs II. in ovalem Rahmen. Seitlich davon eine von Nadeln kleiner Fähnchen zerstochene Landkarte.

Unser Begleiter ließ das Licht der Taschenlampe über die einzelnen Gegenstände gleiten und verharrte schließlich auf zwei niedrigen Sesseln mit Spuren von Hundehaaren. Daneben stand ein länglicher Diwan mit einem zerflossenen dunklen Fleck.

»Blut?« erkundigte ich mich.

»Blut, jawohl«, antwortete der Major.

»Aber er soll sich doch vergiftet haben?«

»Ja, so heißt es. Zuerst aber soll er seine junge Frau und seine Lieblingshündin mit ihren Welpen ins Jenseits befördert haben. Doch das ist nicht authentisch. Jedenfalls würde ich es nicht notieren und noch weniger ihren Lesern vorsetzen.«

»Und das Blut?«

»Angeblich hat Hitlers Adjudant dem Toten nachträglich eine Kugel in den Kopf gejagt und den Revolver neben ihm fallen gelassen, damit nicht ruchbar werde, daß der Führer wie eine Ratte an Gift starb. Die Waffe wurde tatsächlich hier gefunden.«...

Der Major erkundigte sich, ob wir noch weitere Fragen hätten.

»Doch. Wir möchten wissen, was wir von ihren Informationen veröffentlichen können.«

»Nichts, denn vorläufig sind es nur Vermutungen, Kombinationen und Überlegungen der Untersuchenden. Bitte sprechen Sie auch mit ausländischen Kollegen, falls Sie solchen begegnen sollten, nicht davon. Es muß erst alles völlig geklärt werden.«

»Danach haben wir also eine Niete gezogen?«

»Ich habe Ihnen keine Informationen für die Presse versprochen...«

(Boris Polewoi, Berlin 896 km. Aufzeichnungen eines Frontkorrespondenten, Berlin 1975, S. 239–245)

*Aus den Notizen des Schriftstellers Konstantin Simonow vom 2. Mai 1945*

Dann die Reichskanzlei, ein besonderes Schauspiel. Der tote Goebbels wird gesucht. Sie hatten seinen Leichnam schon gefunden, dann waren jemand Zweifel gekommen, ob er es wirklich sei, und jetzt suchen sie ihn wieder. Gesucht wird auch Hitlers Leiche. Das Gebäude ist gewaltig, mit architektonischen Proportionen, von denen etwas Bedrückendes ausgeht. Ungeheure Dimensionen, Leere, eine maßlose Länge der Zimmerflucht, die die Aufmerksamkeit auf einen, durch die gewaltige Tür am Ende tretenden Menschen konzentrieren soll.

Hitlers Arbeitszimmer wurde von einer Bombe getroffen und ist mit Trümmern übersät... Ich gehe durch die Zimmer. In einigen der weiter ab liegenden Zimmern sind Orden und Medaillen verstreut. Kästen, Schachteln, blaue Päckchen. Bis zu den Knöcheln watet man hier durch eine Flut von Orden und Ehrenzeichen: von Eisernen Kreuzen bis zu Medaillen, die für das Löschen eines Feuers verliehen wurden, und einer Unzahl anderer, aber in solchen Massen, daß ich mich beinah aus der Reichskanzlei in das Lager einer großen Ordenfabrik versetzt glaube...

Ich sehe mir das alles an und denke, daß irgendwann zu späterer Zeit die Geschichtsschreibung dem vielleicht einen Anstrich der Größe geben wird, gegenwärtig aber macht es auf mich den Eindruck nicht einmal einer Stätte des Kampfes, sondern eines Grabes von Menschen, die völlig verwirrt waren, sich verzweifelt ans Leben klammern und bis zum Schluß nicht verstanden, was mit ihnen passierte...

Ich habe nie zu den Menschen gehört, die meinen, daß man einen Feind, und sei es auch den blutrünstigsten, erniedrigen, seine Kraft schmälern oder ihm das absprechen müsse, was er tatsächlich aufzuweisen hat: Verstand, Tapferkeit oder den Mut der Verzweiflung... Aber diese Reichskanzlei, dieser letzte Rettungsanker, diese letzten zum Tode verurteilten SS-Leute, und die unterirdischen Kämmerlein, in denen Hitler und Goebbels hausten, darüber die Zimmer, die mit den Eisernen Kreuzen für fünf weitere Kriegsjahre vollgepfercht waren, die Exlibris einer nicht mehr bestehenden Bibliothek, die halbverbrannten Körper, unter denen man an Hand besonderer Merkmale die ehemaligen Machthaber Europas zu finden sucht.

(Konstantin Simonow, Kriegstagebücher 1942–1945, Zweiter Band. Aus dem Russischen von Corinna und Gottfried Wojtek und Günter Löffler, 2. Aufl., Berlin 1982, S. 798–801)

*Notizen von Lew A. Besymenski über den Führerbunker vom Mai 1945*

Wenn man an die Reichskanzlei von der Voßstraße herankommt, findet man an einer Ecke des vorstehenden Fassadenteils eine unauffällige in die Erde bündig eingelassene Stahlplatte. Sie konnte mit hydraulischen Pressen hochgezogen werden und machte den Weg nach unten frei: Breite Stufen führten in die erste unterirdische Etage der Reichskanzlei.

Die reichlich 120 Zimmer dieser Etage sind zu beiden Seiten eines langen Ganges untergebracht. Der Korridor ist wie auf einem Schiff in einige durch Doppeltüren voneinander getrennte Sektionen eingeteilt. In jeder Sektion gibt es sechs bis acht Türen, die in andere Zimmer führen. Die Wände, aber auch der Fußboden, sind mit gelben Kacheln ausgelegt. Nicht weit vom Eingang sieht man an der Tür die Aufschrift »Führerkanzlei«. In zwei Räumen war Hitlers Sekretariat untergebracht: zahlreiche Telefone, Tische mit darauf ausgebreiteten Karten. Drei Räume auf der gegenüberliegenden Seite derselben Sektion gehörten dem Reichsfunk. Von dort aus konnte Goebbels seine Rundfunkansprachen halten, ohne den unterirdischen Bunker zu verlassen...

In die zweite unterirdische Etage gelangt man durch eine unauffällige Tür in einer Sektion der ersten Etage. Über lange und umfangreiche Lagerräume kommt man in die Garage, wo immer noch einige Gasmotorautos stehen. Eine Ausfahrt gibt es nicht, die Autos wurden mit einem Aufzug hinauf- und hinunterbefördert… Über ein verworrenes Korridornetz steigen wir in die dritte unterirdische Etage hinunter, zu den Räumen Hitlers, Goebbels' und Bormanns. Es ist wirklich nicht leicht, sich bei diesem Rundgang ein Bild von der ursprünglichen Stellung einzelner Möbelstücke in den Zimmern zu machen, denn ein Teil der Räume ist völlig ausgebrannt, während die Möbel in anderen Zimmern umgestellt, verschoben und teilweise beschädigt sind…

Wir biegen in einen breiten Korridor ein. Die Türen auf der rechten Seite führen in die Räume Goebbels' und Bormanns. Goebbels bewohnte zwei Zimmer: das eine war dem Aussehen nach das Arbeitszimmer, das andere das Wohnzimmer. Im Wohnzimmer sehe ich die Betten seiner Kinder: zweistöckig, wie in der Kaserne…

Die Zimmer sind nicht sehr geräumig und auch nicht sonderlich hoch, so daß man das Gefühl nicht los wird, sich doch tief unter der Erde zu befinden. Linkerhand im Gang ist die Küche, aber sie ist völlig ausgebrannt. An den Wänden des Korridors hängen Gemälde zumeist holländischer Meister in wertvollen Rahmen. Am Ende des Ganges stoßen wir auf ein Zimmer mit zahlreichen außerordentlich wertvollen Büchern über die Baukunst. Das wird Hitlers Privatsammlung gewesen sein – wähnte er sich doch einen Architekten. In großen Bücherschränken aus Mahagoniholz stehen Kunstbände und Beschreibungen von Bauwerken verschiedener Völker und Epochen. Die Bücher sind zum Teil beschädigt, viele Buchrücken angebrannt.

Aus dem großen Korridor führt eine Treppe zu Hitlers Appartement. Hitler standen hier vier Zimmer zur Verfügung: Gästezimmer, Eßzimmer, Schlafzimmer und Bad; außerdem noch ein Durchgangszimmer, über dessen Bestimmung wir uns nicht einig werden konnten, weil dort keine Möbel zurückgeblieben waren.

Wenn man diesen Durchgangsraum passiert, kommt man ins Gästezimmer. Es ist sehr klein. An der rechten Wand steht ein Tisch mit vielen Schubladen, dahinter ein kleiner Stahlschrank und ein Tisch mit Telefonen. Die Tür rechts führt in das – noch kleinere – Schlafzimmer. Dort ist nur für ein Bett, einen Bücher- und einen Stahlschrank sowie ein kleines Bücherregal mit einigen Enzyklopädiebänden Platz… Alle Zimmer Hitlers überraschen durch ihre kleinen Ausmaße, sie sind so eng, daß man dort fast Platzangst hat.

(Lew Besymenski. Der Tod des Adolf Hitlers. Die Endphase des Zweiten Weltkrieges aus sowjetischer Sicht, Frankfurt a. Main–Berlin 1990, S. 76–79)

*Aus den Erinnerungen von Marschall der Sowjetunion Grigori Shukow an den 3. Mai 1945*

Nach Einnahme der Reichskanzlei fuhr ich zusammen mit Generaloberst Bersarin, dem Mitglied des Kriegsrates der Armee Generalleutnant Bokow und anderen Teilnehmern des Sturmes zu diesem Gebäude, denn wir wollten uns vom Selbstmord Hitlers, Goebbels' und anderer führender Nazis an Ort und Stelle überzeugen.

Das war jedoch schwierig. Man berichtete uns, die Faschisten hätten alle Leichen verscharrt; niemand wußte aber genau den Ort und wer daran beteiligt war. Die Angaben widersprachen sich.

Gefangene, hauptsächlich Verwundete, konnten nichts über Hitler und seine Umgebung aussagen, da sie, wie sie behaupteten, höchstens ihren Kompaniechef, nie jedoch den Nazimachthaber zu Gesicht bekommen hätten. In der Reichskanzlei selbst hatten wir nur einige Dutzend Gefangene gemacht. Offenbar hatten SS-Leute, Offiziere und überlebende Naziführer noch in letzter Minute Geheimgänge benutzt und waren in der Stadt untergetaucht.

Wir suchten vergebens nach den Scheiterhaufen, auf denen Hitlers und Goebbels' Leiche verbrannt worden waren. Zwar sahen wir Spuren von Feuerstellen, sie waren aber zu klein und dürften nur Soldaten zum Wasserkochen gedient haben.

Etwas später, als wir die Besichtigung der Reichskanzlei bereits abgeschlossen, wurde uns gemeldet, daß man in einem Bunker die Leichen der sechs Kinder von Goebbels entdeckt hatte. Offengestanden scheute ich mich, in den Keller zu steigen, um die Kinder zu sehen, die von ihren eigenen Eltern gemordet worden waren... So, wie die Dinge lagen, zweifelte ich zuerst daran, daß Hitler tatsächlich Selbstmord begangen hatte und dies um so mehr, als auch Bormann unauffindbar blieb. Ich nahm damals an, Hitler sei im allerletzten Augenblick geflüchtet, als schon keine Hoffnung mehr auf Hilfe von außen bestand.

Diese Vermutung äußerte ich sowjetischen und ausländischen Korrespondenten gegenüber auf einer Pressekonferenz in Berlin. Etwas später erhielten wir auf Grund von Untersuchungen und Verhören der Mediziner, die Hitler betreut hatten, zusätzliche, genaue Angaben, die Hitlers Selbstmord bestätigten. Ich bin überzeugt, daß es keinen Zweifel an seinem Selbstmord geben kann.

(Marschall der Sowjetunion G. K. Shukow, Erinnerungen und Gedanken, Berlin 1969, S. 313/314)

Noch am selben Tag, dem 3. Mai, beschlossen Marschall Shukow und General Telegin, die wichtigsten Objekte im Zentrum Berlins zu besichtigen. Sie begannen mit der Reichskanzlei. Und das war verständlich, denn sie war das politische und militärische Zentrum des faschistischen Deutschlands. Der stellvertretende Kommandeur der 301. Schützendivision, Oberst Schewzow, der zum Kommandanten der Reichskanzlei ernannt worden war, erstattete die Meldung.

»Zeigen Sie mir Ihre ›Wirtschaft‹, Kommandant«, sagte Shukow.

»Mit Vergnügen, Genosse Marschall«, entgegnete Schewzow lächelnd und führte die Gäste. Der Oberbefehlshaber und das Mitglied des Kriegsrates besichtigten aufmerksam das Gebäude, erkundigten sich bei den Soldaten nach Einzelheiten der Gefechte und sprachen mit einigen Kriegsgefangenen.

Beim Rundgang durch das Gebäude erklärte auch General Bersarin einiges. Er und ich waren vorher schon hier gewesen, und wir hatten uns über die Lage der Reichskanzlei, des Führerbunkers und anderer Räumlichkeiten orientiert...

Die Reichskanzlei, sowohl die alte als auch die neue, waren erheblich beschädigt, doch selbst nach dem, was übriggeblieben war, konnte man auf den Pomp schließen, mit dem das neue, zweistöckige Gebäude erbaut und eingerichtet worden war.

Schon Anfang April hatte mir der Leiter der Armeeaufklärung, Oberst Sinjajew, einen Bildband über die Reichskanzlei gezeigt. Was gab es da nicht alles! Das riesige kupferne Tor am Haupteingang, das allerdings nach unseren Informationen zu Beginn des Krieges eingeschmolzen worden war, die Kolonnaden und die imposanten, mit alten Ritterwappen verzierten Portale, den mit Platten aus finnischem Marmor ausgelegtem »Ehrenhof«. An den Wänden hingen Bilder flämischer Meister, die Fußböden waren mit teuren Teppichen ausgelegt. Zu Hitlers Empfangszimmer führte ein langer Korridor mit einer hohen Decke. Über den Portalen der Adler mit dem Hakenkreuz in der Kralle.

Jetzt war davon nicht mehr viel zu sehen. In den Wänden klafften Löcher, das Dach war stellenweise eingebrochen. Die Portale und die Marmorverkleidung waren von Geschoß- und Granatsplittern beschädigt...

In einigen Zimmern lag stapelweise Hitlers Buch »Mein Kampf«, das fast zur Bibel der Nationalsozialisten geworden war. Dann stießen wir auf Schachteln mit Orden.

Über die Reichskanzlei und den Führerbunker war viel gesprochen

und geschrieben worden – Wahres und Erfundenes. So hieß es, unter der Reichskanzlei befänden sich riesige unterirdische und geheime Gänge, die kilometerlang wären, der Luftschutzkeller unter dem »Diplomatensaal« sollte Dutzende Meter unter der Erde liegen. In Wirklichkeit war alles einfacher und prosaischer. Hitlers Bunker bestand aus einem Konferenzraum, einem Empfangszimmer, einem sehr kleinen Arbeitszimmer und zwei nicht viel größeren Zimmern...
Marschall Schukow und Generalleutnant Telegin stiegen nicht in den Führerbunker hinab. Sie besichtigten die neue Reichskanzlei mit ihren Dienst- und Wohnräumen... Als der Marschall die Reichskanzlei verließ, bemerkte er nebenbei: »Das Gebäude ist schlecht, finster, und die Pläne, die hier ausgeheckt wurden, sind noch schlechter.«

(Generalleutnant F. J. Bokow, Frühjahr des Sieges und der Befreiung, Berlin 1979, S. 335–338)

*Erinnerungen von Lew A. Besymenski über seine Besuche in der Reichskanzlei im Frühjahr 1945*

Nach Berlin kam ich erst am 5. Mai 1945. Da habe ich dann den Reichstag und die Reichskanzlei besucht. In der Reichskanzlei war ich ziemlich oft. Wir haben dort versucht, einiges Material zu finden, was ziemlich schwer war und schließlich verboten wurde, und nur dem Smersch, den NKWD-Truppen vorbehalten blieb. Ich habe Berlin zunächst gar nicht als Stadt zur Kenntnis genommen. Es gab zuviel Ruinen und man fuhr schnell mit Jeeps durch die Straßen. Außerdem war das Stadtbild ein bißchen russifiziert. Überall standen die russischen Militärpolizisten und in der Frankfurter Allee war ein großes Stalinbild angebracht worden mit russischen Aufschriften und überall Hinweisschilder in kyrillischer Schrift – zur sowjetischen Kommandantur. Berlin war eine Russenstadt geworden. Mein erster richtiger Besuch fand erst etwas später statt, als ich von meinem Stab in Wendenschloß die Erlaubnis erhielt, in Zivil nach Berlin fahren zu dürfen. Zum ersten Mal seit Jahren habe ich einen hellen, eleganten Zivilanzug bekommen. Und dann lief ich von Wendenschloß bis nach Köpenick und fühlte mich unwohl, weil ich gar nicht gesichert war. In Uniform war ich ein russischer Hauptmann und nun marschierte ich wie ein junger Deutscher durch die Straßen. Diese erste Entlassung in das Zivilleben habe ich mit Unbehagen erlebt. Deshalb fuhr ich künftig immer in Uniform nach Berlin. Sehr oft besuchte ich die Reichskanzlei, fünf- oder sechsmal. Im Führerbunker bin ich zweimal gewesen, häufiger aber in anderen Teilen der Vorbunker. Dort machte ich meine große Beute, die mir einen schlechten Ruf bei den Offizieren einbrachte. Und zwar aus folgendem Grund: Die Reichskanzlei wurde besetzt und erhielt einen russischen Kommandanten. Kam man zu ihm, so fragte er: »Wollen Sie ein Erinnerungsstück haben?« Die meisten Besucher wollten einen silbernen Löffel mit der Gravur A. H. oder Geschirr oder ähnliches. Aber ich bin auf eine ganz andere Idee gekommen. Ich sah im Vorbunker, wo sich während der Kämpfe ein Lazarett befand, eine ganz eigenartige Tür, wie in einem U-Boot mit großen Verschlüssen, wie eine Tresortür. Ich fragte den Kommandanten, einen Oberstleutnant: »Was ist das?« »Nein«, sagte der, »dort ist nichts, ganz Unwichtiges. Das muß Sie nicht interessieren«. »Doch, doch, öffnen wir.« Bei der Öffnung der Tresortür stellte sich heraus, dort befand sich ein großer Raum mit lauter Schallplatten. Das war die Schallplattensammlung des Führerhauptquartiers, die eigentlich nach Berchtesgaden gebracht werden sollte. Aber sie haben es nicht mehr geschafft. Die großen Kisten standen schon zum Abtransport bereit. Ich habe sie geöffnet. Ich bin ein musikalischer Laie, doch das war eine wunderbare Sammlung. Gut geordnet, alles klassische Musik, Beethoven, Schumann, Tschaikowski, alles mit Aufklebern versehen »Führerhauptquartier«. Da habe ich den Oberstleutnant gefragt, ob ich einige Schallplatten mitnehmen dürfte. »Ja, selbstverständlich, aber was macht das für einen Sinn. Suchen Sie sich lieber was anderes aus.« »Nein, ich bleibe bei den Schallplatten.« So habe ich die Kiste zu meinem Jeep gebracht und habe sie bis heute behalten. Übrigens kann ich sie heute leider gar nicht mehr spielen mit ihren 78 Umdrehungen. Aber damals stand in dem Haus, wo ich wohnte, so ein Grammophon und wir haben abends mit Offizieren Musik gehört. Wunderbare Aufnahmen, überwiegend internationale Konzertaufnahmen, aber auch unter Furtwängler. Sehr viele Platten mit Tschaikowski, Mendelssohn, Mahler. Also bei der Auswahl seiner Platten war der große Führer gar nicht koscher. Das also ist mein Erinnerungsstück aus der Reichskanzlei.

(Aus einem 1994 geführten Rundfunkinterview von German Werth mit Lew A. Besymenski)

*Aus den Erinnerungen des Leibarztes des britischen Premierministers Lord Moran vom 16. Juli 1945*

Wir kletterten eine Weile durch die Trümmer, aber als wir die Reichskanzlei betreten wollten, verwehrte uns eine russische Wache den Zugang. Alex* wurde sehr ärgerlich.
»Wissen Sie nicht, wer ich bin?«, fragte er, aber das Gesicht des Solda-

ten blieb unbewegt. »Ich habe nicht diesen weiten Weg gemacht, um hier angehalten zu werden. Wenn es nötig ist, werde ich mich bei den maßgebenden Stellen beschweren – bei den allerhöchsten!«

Der erste Raum der Reichskanzlei war fußtief mit Papier, Bändern und Eisernen Kreuzen bedeckt, und dann konnte man Hitlers umgeworfenen Schreibtisch besichtigen. Alex war einigermaßen niedergeschmettert von all dem, was er gesehen hatte, und er sah aus wie jemand, der zum erstenmal einen Leichnam erblickt. Ihm gefällt im Grunde diese brutale Demütigung eines stolzen Volkes nicht, das auf die Knie gezwungen wurde...

Als ich dem PM** von meinen Erlebnissen erzählte, merkte ich, daß er nicht zuhörte. Er war nicht gekommen, um Sehenswürdigkeiten zu betrachten. Aber heute nachmittag um vier Uhr will er eine Rundfahrt durch Berlin machen. Ich beschloß, ihn zu begleiten, denn ich war neugierig, wie er auf all das Elend reagieren würde. Und ich wollte wissen, wie sich die Deutschen benehmen würden, wenn sie ihn sähen. Als wir nach Berlin hineinfuhren, schien ihn kein Mensch auf den Straßen zu erkennen; erst in der Mitte der Stadt sah uns ein Arbeiter genauer an und zeigte hinter unserem Wagen her...

Der PM schwieg. Sein Interesse war offenbar nicht sehr groß. Unser Führer, ein russischer Soldat, geleitete uns über den Hof der Reichskanzlei zu dem Bunker, in dem Hitler wie ein verwundetes Tier, das sich in seine Höhle zurückgezogen hatte, gestorben sein soll. Der PM folgte ihm eine Treppe hinunter; doch als er hörte, es ginge noch weiter abwärts, verzichtete er auf die Erforschung der Tiefe und stieg langsam wieder nach oben. Dort setzte er sich auf einen vergoldeten Stuhl und wischte sich die Stirn. »Wenn Hitler«, sagte er, »hier heraufgekommen ist, um Luft zu schnappen, muß er gehört haben, wie der Geschützdonner näher und näher kam.«

* Alexander Cadogan – ständiger Unterstaatssekretär im britischen Foreign Office
** PM = Premierminister, gemeint ist Winston S. Churchill
(Lord Moran, Churchill der Kampf ums Überleben. 1940–1965. Aus dem Tagebuch seines Leibarztes Lord Moran, München–Zürich 1967, S. 296/297)

## Die Neue Reichskanzlei – ein Steinbruch

*Schreiben des Bezirksamtes Mitte von Groß-Berlin an das Hauptamt für Aufbau beim Magistrat von Groß-Berlin vom 22. September 1948*

Anliegend überreichen wir ihnen ein von der Grundstücks A.G. an die Firma Quade gerichtetes Schreiben, welches der Firma Quade beim

Ausbau verschiedener Materialien aus der ehem. Reichskanzlei von einem Polizisten abgenommen wurde.

Wir bitten um Mitteilung, ob derartige Tauschgeschäfte gestattet sind bzw. ob die Grundstücks A.G. irgendwelche Baumaterialien aus der ehem. Reichskanzlei auszubauen berechtigt ist.

Anlage

Groß-Berliner Grundstücks-Aktiengesellschaft an Firma Eduard Quade, Berlin N 4, Elsässer Straße 45/46 vom 11. August 1948

Betr.: Ausbau von Baumaterial aus der ehem. Reichskanzlei

Wir bestätigen hiermit die mit unserer Bauabteilung getroffene Absprache, wonach Sie für die Entnahme von 40 lfdm Spundwände aus dem Gebäude der ehem. Reichskanzlei der Groß-Berliner-Grundstücksverwaltungs A.G. auf das Lager im Marstall, Breite Str. 35 16 Rollen Dachpappe, 1 Faß Klebemasse zu liefern haben.

Für die weitere Entnahme von 20 lfdm Peiner werden die vor Ort und Stelle festgelegten Träger-Profile Doppel T-Peiner auf das Lager der Groß-Berliner-Grundstücksverwaltungs A.G. kostenlos geliefert. Unter Bezugnahme auf Ihr Schreiben vom 3. 8. 1948 erklärt sich die Gesellschaft mit dem Ausbau von Rundeisen aus dem oben genannten Gebäude unter folgenden Bedingungen einverstanden: Die auszubauenden Mengen sind vorher mit einem Vertreter der Bauabteilung festzulegen, wovon 1/4 der gewonnenen Materialien Ihnen zur weiteren Verwendung überlassen wird und die restlichen 75% von Ihnen auf das Lager im Marstall zu bringen sind.

Mit der Entnahme von Marmor- und Natursteinbruch* erklärt sich die Gesellschaft gleichfalls einverstanden unter der Voraussetzung, daß Ihrerseits ein Tausch gegen Bretter, Klebemasse, Dachanstrich, Nägel oder Rohrteile ermöglicht wird. Auch in diesem Falle werden die Mengen festgelegt und die Tauschquoten auf Friedenspreisbasis vereinbart.

* Seit Sommer 1945 wurden Baumaterialien (Granitblöcke und Marmorverkleidungen) aus der Neuen Reichskanzlei von der sowjetischen Besatzungsmacht vor allem zum Aufbau des Ehrenmales im Berliner Tiergarten und seit 1946 für das Ehrenmal in Berlin-Treptow verwendet. Diese Rohstoffgewinnung erfaßte auch die Breker-Statuen (Partei und Wehrmacht), die eingeschmolzen das Rohmaterial für die Figur des sowjetischen Soldaten im Tiergartener Ehrenmal abgaben. Die sowjetischen Ausbauten dauerten bis Mitte 1947. Seit 1947 übernahm der Berliner Magistrat die weitere Ausschlachtung der Reichskanzlei, deren Materialien in der Bauwirtschaft verplant wurden. So nutzte man Restbestände der Marmorverkleidungen u. a. für den 1950 umgebauten U-Bahnhof Thälmannplatz, heute Mohrenstraße.

(Landesarchiv Berlin, Außenstelle Breite Straße, Rep. 110/Akte 408, Bl. 20–21)

*Gemeinwirtschaftliche Baugesellschaft an das Hauptamt für*
*Aufbaudurchführung über die örtliche Bauleitung ehemalige Reichskanzlei,*
*Herrn Krieche vom 25. Januar 1949*

Rechnung Nr. 11/49

Betr. Sprengobjekte Neue Reichskanzlei
Für Teilsprengung Neue Reichskanzlei, Westflügel Voss- Ecke Fried-rich-Ebert-Straße, am 21.1.49 lt. unserem Angebot vom 31.12.48
a Konto

DM 5500,–.

Wir bitten um Überweisung des Rechnungsbetrages auf unser Konto.

(Landesarchiv Berlin, Außenstelle Breite Straße, Rep. 110/Akte 409, Bl. 367)

*Aktennotiz des Hauptamtes für Abräumung beim Magistrat vom 1. April 1949*

Betr.: Kleinpflastersteine beim Abbruch der ehem. Reichskanzlei
Bezug: (Schreiben vom 18.3.49 der Bauleitung der ehem. Reichs-kanzlei, Herr Krieche)
Herrn Amtsleiter Schulz
In der gemeinsamen Rücksprache am 1.4.49 mit der GBG*, Herrn Kunze, wird von der GBG veranlaßt, daß die 12 qm Kleinpflaster vom Lagerplatz Johannistal ausgeliefert werden. Ich bitte daher, sich mit der GBG in Verbindung zu setzen.

* Groß-Berliner-Grundstücksverwaltungs A.G.

(Landesarchiv Berlin, Breite Straße, Rep. 110/Akte 409, Bl. 355)

*Hauptamt für Abräumung beim Magistrat an Steinmetzmeister Heinz Gude*
*am 27. Juni 1949*

Betr. Abbruch von Stein-Bruchplatten aus der ehem. Reichskanzlei

Ihren Antrag auf Überlassung von Stein-Bruchplatten haben wir dem Bezirksamt Mitte – Amt für Abräumung – zur unmittelbaren Erledi-gung übergeben. Sie wollen sich bitte in der Angelegenheit an das Amt für Abräumung – Bezirksamt Mitte – direkt wenden.

(Landesarchiv Berlin, Außenstelle Breite Straße, Rep. 110/Akte 409, Bl. 309)

*Hauptamt für Tiefbau beim Magistrat an das Amt für Abräumung*
*vom 25. November 1949*

Zur Herstellung von Gesimsplatten für die Weidendamm-Brücke wer-den ca. 30 lfdm Granit benötigt.

Wir bitten, uns dieses Material aus der Ruine der früheren Reichskanzlei zur Verfügung zu stellen.

Der Auftrag wird von der Steinmetzfirma H. Schenk ausgeführt, da z. Zt. die Arbeiten von einem VEB nicht ausgeführt werden können.

(Landesarchiv Berlin, Außenstelle Breite Straße, Rep. 110/Akte 409, Bl. 166)

*Hauptamt für bauwirtschaftliche Lenkung des Magistrates an das Amt für Abräumung vom 1. Dezember 1949*

Das Hauptamt für Tiefbau (Straßenbau) gebraucht dringend zur Herstellung der Mühlendamm-Brücke ca. 30 cbm alte Granitblöcke, aus welchem Bordschwellen hergestellt werden sollen. Die Granitblöcke sollen aus der Reichskanzlei zur Verfügung gestellt werden und sind dort ausgesucht.

Wir bitten, dem Hauptamt für Tiefbau die Freigabe auszustellen, damit das Bezirksamt Mitte die Blöcke zuweist. Der Preis für 1 cbm alte Granitblöcke liegt wohl um DM 10,– herum.

(Landesarchiv Berlin, Außenstelle Breite Straße, Rep. 110/Akte 409, Bl. 161)

*Hauptamt für Tiefbau beim Magistrat an das Amt für Abräumung vom 2. Dezember 1949*

Für die Baustelle Biesdorf Süd, Bauabschnitt IV werden dringend 4–5 Blöcke Kalksteine aus der Ruine der früheren Reichskanzlei bei dem Grabensprung zur Verengung des Eisenbahndurchlasses benötigt.

Wir bitten, uns dieses Material für das genannte Bauvorhaben zu überlassen.

(Landesarchiv Berlin, Außenstelle Breite Straße, Rep. 110/Akte 409, Bl. 160)

*Aktenvermerk des Amtes für Abräumung vom 7. März 1950*

Betr.: Klärung der Kostenverrechnung für die von der Firma Teichert geliehenen Kompressoren

Die Sprengfirma Kurt Teichert, Berlin W 8, Mauerstr. 18/19, ist vom Amt für Abräumung mit der Sprengung von Beton an der ehem. Reichskanzlei, sowie der Dreifaltigkeitskirche beauftragt. Zu diesem Zwecke ist es erforderlich, daß 1 mtr. bis 1,50 mtr. tiefe Löcher in den Beton gebohrt werden müssen, welches nur durch den Einsatz von Kompressoren möglich ist. Da es im Ostsektor nicht möglich ist, Kompressoren zu kaufen oder zu mieten, hat die Firma Teichert, um den an sie gestellten Aufgaben gerecht zu werden, sich Kompressoren aus dem Westsektor geliehen.

Infolge der Bestimmungen über den Zahlungsverkehr ist es der Firma Teichert nicht möglich, ihren Verpflichtungen betr. der Leihgebühr für die Kompressoren nachzukommen.

Um einen Abzug der Kompressoren und die damit evtl. verbundene Stillegung der Arbeiten zu vermeiden, wird gebeten, eine diesbezügliche Klärung schnellstens anzustreben, in der gleichen Form wie sie bei westsektoralen Fahrzeugen getroffen wurde.

(Landesarchiv Berlin, Außenstelle Breite Straße, Rep. 110/Akte 410/1)

*Aktennotiz des Hauptamtes Abräumung für Sprengmeister Erich Piech vom 25. August 1950*

Für durchzuführende Sprengungen ist auf jeden Fall die Bauabteilung der BVG, Herr Drescher, rechtzeitig zu benachrichtigen. Sprengungen dürfen auch terminmäßig nur dann stattfinden, wenn von dort Einverständnis vorliegt.

Betreffs der vorgesehenen Sprengungen in der Reichskanzlei, am Thälmannplatz, am 28./29. August hat die BVG Einspruch erhoben. Es sind sofort Verhandlungen mit dieser Stelle (Herrn Drescher) aufzunehmen.*

* Am 7. September 1950 stimmte die BVG weiteren Sprengungen der restlichen Teile der Reichskanzlei entlang der U-Bahn-Linie A zu, verlangte jedoch die Anbringung nur kleiner Ladungen oberhalb der Keller. 1950 wurden die Abrißarbeiten der in Trümmer gelegten Reichskanzlei eingestellt, die Bauarbeiter zum Abriß des Berliner Schlosses umgesetzt. Erst 1956 wurden die Trümmer der Oberbauten beseitigt. Ein erneuter Einstieg in das Bunkergelände der Reichskanzlei erfolgte 1988, im Zusammenhang mit der Wohnbebauung der einstigen Wilhelmstraße.

(Landesarchiv Berlin, Außenstelle Breite Straße, Rep. 110/Akte 410/1)

## Was tun? –
## Die jüngste Diskussion um das Reichskanzleigelände

*Wieder-»Einstieg« in die Vergangenheit?*

Räumlich trennen uns von der faschistischen Vergangenheit – wie wir erfahren sollten – ein halbes Dutzend Betonplatten. Hier sei ein Einstieg in die Reichskanzlei, so wurde behauptet. Beton, Rasen und Muttererde überdeckten, was der Ausgangspunkt für Krieg, Mord und Terror gewesen ist. Herrensitz brauner Diktatur. Unter der Erdoberfläche. Am Wochenende kam das scheinbar Verschüttete wieder in die Schlagzeilen der Presse. Die Westberliner BZ präsentierte drei junge Männer, die in »Führers Bunker« gewesen sein wollten. ND war zur Stelle, als Berliner Feuerwehrleute der Zeitungsmeldung im wahrsten Sinne des Wortes auf den Grund gehen wollten.

Montag, kurz nach 11 Uhr. Ein W 50-Gerätewagen zog die Betonplatten zur Seite. Sichtbar werden Mauerwerk, Kacheln, ein Rohr... 11.14 Uhr. Die zwei »Pfadfinder« sind auf dem Grund des schmalen Schlundes. Meldung über Funk: »Wir sind in einem gemauerten Schacht. Er führt tiefer.« Sekunden darauf. »Wir stehen vor einer Metallgittertür.«

Minuten darauf folgten die ND-Reporter: Modergeruch schlägt uns entgegen. Auf dem Rücken rutschen wir hinab. Meterdicke Betondecken liegen über uns. Im Scheinwerferkegel ist eine Treppe zu sehen. 13 Stufen, 13 Stufen hinab in das faschistische Hauptquartier, Hitlers Befehlszentrale – bis Anfang Mai 1945. Die Bunkeranlagen sind in Segmente unterteilt. Rechts und links Stahltüren. Der Rost hat über die Elfenbeinfarbe gesiegt, die Riegel sind noch intakt. Von der Decke hängen elektrische Leitungen herab. Ein Schaltschrank, Waschräume, Toiletten... Schutt. Wir untersuchen gemeinsam mit den Feuerwehrleuten ein sechs Sektionen umfassendes Gebiet. Sechs mal zehn Meter messen die flurartig angeordneten Teile. Geradlinig zur Voss-Straße erstrecken sie sich...

Und dann, am Ende des Ganges der Beweis: Wir sind nicht die ersten, die hier nach 45 Jahren Zutritt erzwangen. An die Wand gesprayt sehen wir SS-Runen, ein Hakenkreuz und »Sieg Heil«. Auch das Datum der »Siegesfeier«: 23. 3. 90. Eine Sektflasche, Kerzen und Cola-Büchsen liegen in den Gängen. Über diese Orgie des neuen alten Wahnes war in den Sensationsspalten der West-BZ nichts zu lesen.

Eine Zukunftsvision drängt sich dem Besucher von Hitlers Zentrale im Jahre 1990 auf. Wäre es nicht sinnvoll, wenn wir inmitten Berlins einen Park gestalten? Es sollte ein Museum sein, informieren über die Untaten des Faschismus. Und eine Gedenkstätte zugleich – für die Opfer und die Kämpfer gegen die Tyrannei. Die Keller der Gestapo-Zentrale in der ehemaligen Prinz-Albrecht-Straße sind seit Jahren freigelegt. Die Reichskanzlei haben wir betreten. Der Park könnte enden am Reichstag, dem Flammenzeichen, das den Weltbrand ankündigte. Der Park, das Museum, die Gedenkstätte – das wäre ein Stück Zukunft.

(Rene Heilig, Nach 45 Jahren im Keller der faschistischen Reichskanzlei in: Neues Deutschland vom 27. März 1990)

*Ein Ort der Täter*

Der Bunker ist, wie das Gestapo-Gelände, ein »Ort der Täter«. Er ist, wenn auch vom Obersten Befehlshaber nur für eine kurze Zeit lang benutzt, das Symbol für den Krieg, ein Symbol für die unablässige Zerstörungsarbeit Hitlers selber, der nur durch Krieg lebte, der nur vernichtend existieren konnte.

Aber es war nicht nur der Krieg des Adolf Hitler. Es war auch der Krieg derer, die für ihren Führer planten, halb Europa eroberten und der Vernichtung preisgaben. Die seinen Befehlen gehorchten – mit Eifer und Ehrgeiz bis in den Tod. Und deshalb ist dies ein Ort, an dem man den Kreis der »nationalen« Berliner Gedenkstätten um eine wichtige erweitern könnte. Kein Kriegs-, kein Antikriegsmuseum, kein Mahnmal mit Kranzablage – sondern ein Dokumentenhaus könnte hier seinen Platz finden, welche das Verbrechen Krieg zeigt, und das heißt: die Verbrechen und die Verbrecher der Deutschen Wehrmacht.

Es war (und ist wohl immer noch) ein Tabu, darüber in aller historischen Klarheit zu sprechen; der Schweige-Comment der fünfziger und sechziger Jahre wirkt nach, als der Adenauer-Staat aus den Trümmern der Wehrmacht eine Bundeswehr für den Kalten Krieg rüstete. »Drüben« hat man, zumindest in diesem Punkt, sicherlich weniger Hemmungen, obwohl es ja auch dort gewisse Kontinuitäten gibt...

Aber es ist an der Zeit, der Legende in aller Öffentlichkeit ein Ende zu machen, der fatalen Geschichtsklitterung von des Teufels Generälen,

*Blick auf die ehemalige Bunkeranlage, 1990*

die, irgendwie vom Führer verführt, »ungewollt« und »schicksalhaft« in den Krieg verstrickt wurden, dabei natürlich »sauber« blieben und schließlich auch nur »Opfer« waren ... Doch wer Stauffenberg, Olbricht, Beck, Oster, Witzleben ehrt, der darf auch die Keitels und Jodls und Reichenau nicht vergessen und all die Guderians, Models, Mansteins, Dönitz', Schörners und Krebs', die ihrem Führer bis zuletzt die Treue hielten (und die später, sofern sie den Krieg überlebt hatten, jeden Streit am Kartentisch zu einem Akt des Widerstandes umbogen).

Wer jene ehrt, die sich – als General oder als Schütze Arsch – verweigerten und, mit welch kümmerlichen Erfolg auch immer, versuchten Sand ins Getriebe der Menschenvernichtungsmaschinerie Wehrmacht zu streuen, der muß auch die Namen jener nennen, die sie ölten und die – »Gott mit uns« – die entsetzlichsten Verbrechen begingen, die Europa seit den Tagen des Dreißigjährigen Krieges gesehen hat. Erforscht davon ist vieles – in seinem ganzen Ausmaß öffentlich bekannt jedoch nur viel zu weniges.

Hier, wo ihr größter Feldherr und sein letzter Generalstabschef ihnen ihre letzten Befehle gaben, könnten ihre Untaten dokumentiert werden. Nicht unterpflügen oder gar überbauen sollte man diesen Ort, sondern ihn vor aller Welt kenntlich machen als das, was er war: ein Feldherrnhügel, eine Mördergrube.

(Benedikt Erenz, Die Mördergrube. Sprengen oder Erinnern: Was wird aus Berlins »Führerbunker« in: Die Zeit vom 30. März 1990)

### Die Reste der Reichskanzlei und eine Idee

Knapp eine Woche ist vergangen, da ND-Reporter Einblick in Gemäuer der Vergangenheit erhielten ... In unserem Bericht ging es nicht um »Sensation« im Grenzgebiet. Vielmehr regten wir an, inmitten des ehemaligen faschistischen Regierungsviertels eine Art Park zu errichten. Er sollte zugleich Museum, Gedenkstätte sein. Ein erster Teil des Areals könnten die seit ein paar Jahren freigelegten Zellenmauern der Gestapo-Zentrale sein. In der ehemaligen Prinz-Albrecht-Straße, heute Niederkirchnerstraße. Die liegt unmittelbar hinter der Grenze zu Westberlin. Der Park sollte die nun aufgefundenen Reste von Hitlers Reichskanzlei einbeziehen und sich bis zum Reichstag erstrecken, jenem Ort, von dem der größte aller Weltbrände schon 1933 seinen Ausgang nahm. Kein zweiter Ort in Europa wäre wohl geeigneter, heutigen und künftigen Generationen ihre Verantwortung in Sachen Humanität und Demokratie näherzubringen ... Es gab nicht wenige

Reaktionen. Leser riefen an, unterstützten die (Noch-nur-)Idee, gaben mancherlei zu bedenken. Wir sprachen mit einem renommierten Historiker der DDR, gerade Fachmann für diese Periode deutscher Geschichte, Prof. Dr. Olaf Groehler, sowie mit der kultur- und medienpolitischen Sprecherin der AL-Fraktion im Westberliner Abgeordnetenhaus.

*Prof. Groehler, hätte besser das Gras des Vergessens weiter wuchern sollen?*

Nein, das würde bedeuten, wieder ein Stück Geschichte unterzugraben. Gewiß, der Ort, der »Führerbunker«, ist ein brisantes Stück unserer Historie. Aber Geschichte ins Abseits zu drängen, sie nicht wahrzunehmen, rächt sich immer. Wir haben Beispiele. Ich bin dafür, auch dieses Stück wiederentdeckten Bunkers in die Berliner Museumsplanung einzubeziehen. Als Stätte von Tätern, als Stätte für Opfer, als Stätte des Kampfes für Menschlichkeit.

*Von dieser Stätte ging für viele Völker, für Kinder, Frauen und Männer ungezähltes Leid aus. Bis Ende April 45 herrschte dort die Rationalität des Irrationalen ...*

Ja, die Reichskanzlei, deren Eröffnung ja nicht zufällig 1939 mit dem Beginn des Großdeutschen Reiches zusammenfiel, war Ausgangspunkt vieler Entscheidungen: die Planung der restlosen Zerschlagung der Tschechoslowakei, der Überfall auf Polen, und seit Herbst 1940 liefen die Vorbereitungen zum Überfall auf die Sowjetunion.

Hier wurden die Grundlagen für Völkermord ausgearbeitet: Rassenwahn, Auschwitz, Kommissarbefehl, Durchhaltetaktik »Bis zum letzten Mann« und sei er erst vierzehn ... Es war die Schaltzentrale faschi-

*Nach dem Öffnen der Bunkeranlage, 1990*

145

stischer Macht. Und unterirdisch war Hitlers Kommandobunker mit vielen anderen Relaisstationen verbunden. Mit Goebbels, Göring, der Gestapo ...

*Nun könnte es eine parkähnliche Gedenkstätte werden, mit Dokumententafeln und ausgegrabenen Gemäuern, mit Info-Treffs zum Diskutieren und Spielplätzen für die Heranwachsenden. Städteplaner wie Dr. Günter Stahn denken über einen Architekturwettbewerb nach.*

Ich als Historiker kann das nur unterstützen und bin sicher, so sehen es auch viele Kollegen – in Ost wie West. Manche, so Laurenz Demps, haben sich ähnlich geäußert. Die Wege durch geplante 1000 Jahre würden 1933 mit dem Reichstagsbrand beginnen und enden mit dem 2. Mai 1945.

*Und die neuen Nazis?*

Wenn wir die Zeichen setzen, wenn wir inmitten des Berliner Stadtbildes zeigen, wie verantwortungsvoll jeder Bürger mit solchen Gütern wie Frieden, Demokratie, Freiheit, Toleranz umgehen muß, beugen wir braunen Wallfahrtsideen vor.

*Vielleicht auch eine Aufgabe für ein europäisches Jugendwerk?*

Und die Älteren sollten mit Rat und Tat zur Seite stehen. Die Jugend einzubeziehen ist schon deshalb wichtig, weil sich gerade aus diesem Kapitel deutscher Geschichte bleibende Aufgaben für die Zukunft ableiten.

*Sabine Weißler, kann die Vorstellung eines historisch so bedeutsamen Parks auf Ihre Zustimmung hoffen?*

Ja. Übrigens soll dem Problem auch in den gegründeten Regionalausschuß von Ost- und Westberlin angesprochen werden. Die Idee ist sehr reizvoll – obwohl es vielleicht nicht nur ein Park werden sollte. Auf der anderen Seite ist das Gelände der Bundesgartenschau 94 ... Doch das sind Detailfragen. Wir in der AL haben ähnliche Überlegungen und meinen, daß die verschiedenen Stätten faschistischen Ungeistes und Terrors verbunden und erkennbar sein müssen. Dazu zähle ich neben dem von Ihnen erwähnten RSHA-Reichstag auch den ehemaligen Volksgerichtshof, die Bunker in der Stresemannstraße.

*Im besagten Grenzstreifen könnten Akzente gesetzt werden.*

Ich meine so, wie das im ehemaligen Gestapo-Zentrum geschah. Die dortige Ausstellung »Topographie des Terrors« hat viel dazu beigetragen, um ganz unprätentiös aber im guten Sinne animierend zu informieren. Die noch vereinzelten Stätten zu verbinden, scheint mir recht sinnvoll. Man müßte das einmal vom Planerischen durchrechnen. Bevor Bodenspekulanten das tun. Eine mögliche deutsche Hauptstadt Berlin kann nur dann auch moralisch glaubwürdig sein, wenn sie sich

146

ganz offensiv zu ihrer Geschichte bekennt und verhält. Dazu gehört, daß man dieses Zentrum faschistischer Macht und den Geist, besser, den Ungeist, der von hier ausging, begreifbar macht.

*Die Jugend wäre einzubeziehen, besprach ich mit Prof. Groehler ...*

So eine Vorstellung hatten wir einmal vom Aktiven Museum, bei dem ich Gründungsmitglied bin ... Daher ein klares Ja. Übrigens, ein Kollege von Ihnen von der Hamburger »Zeit« regte einmal an, eine ständige Ausstellung über die Verbrechen der Wehrmacht, damit des Militarismus zu erarbeiten. Für viele war das die Begegnung mit Deutschland. Das andere Deutschland war illegal oder im KZ. Vielleicht ein Hinweis für Historiker, die sich an dem genannten Projekt beteiligen.

(Die Reste der Reichskanzlei und eine Idee. Interview von Rene Heilig mit Olaf Groehler und Sabine Weißler in: Neues Deutschland vom 31. März/ 1. April 1990)

### Beton gegen die Angst

Über die letzten Tage Hitlers in Berlin und seiner zur Festung ausgebauten Reichskanzlei sind bereits viele Bücher und Aufsätze veröffentlicht worden. Die Stätte, in denen der »größte Führer aller Zeiten« (GRÖFAZ) sich vor nunmehr 45 Jahren das Leben nahm und mit ihm weitere Nazigrößen jämmerlich endeten, ist heute nur noch durch eine geringe Bodenerhebung zu erkennen.

Nach dem zweiten Weltkrieg hatte man hier wie auch auf dem ehemaligen Gestapogelände an der Prinz-Albrecht-Straße tabula rasa gemacht und die unterirdischen Anlagen zugeschüttet. Wie sich indes jetzt herausstellt, ist es besonders Wagemutigen und Sensationslüsternen unbekannten Namens und Herkunft vor einigen Tagen gelungen, in den »Führerbunker« vorzudringen. Die Presse nahm das Thema auf und begann eine Debatte darüber, was nun aus den Resten des faschistischen Machtzentrums werden soll, von denen man bisher angenommen hat, sie seien gar nicht mehr existent. Ich möchte dafür plädieren, das Gelände zwischen der Otto-Grotewohl-Straße (der ehemaligen Wilhelm-Straße) und der Mauer in Sichtweite des Reichstages zu einer Gedenkstätte zu erklären, nicht aber zum Pilgerziel von Leuten zu machen, die wohligen Schauer erleben, wenn sie sich vorstellen, was hier bis Ende April 1945 an Grauenhaftem geschah. So gibt es den Vorschlag, die wiederaufgefundenen Reste in einen Gedenkpark einzubeziehen ...

Was davon übrig geblieben ist, sollte dokumentiert werden. Einfaches Zuschütten und Vergessen hilft bei der Aufarbeitung böser Kapitel unserer Geschichte nicht. Das zeigen auch die neuesten Funde von Opfern des stalinistischen Terrors in der SBZ und DDR nach 1945.

(Helmut Caspar, Beton gegen die Angst. Ein Rittmeister über Hitlers Reichskanzlei in: Neue Zeit vom 10. April 1990)


*Aufruf des Förderkreises zur Errichtung eines Denkmals*
*für die ermordeten Juden Europas e. V.*

Während der Naziherrschaft haben Deutsche mehr als fünf Millionen Juden aus 17 Ländern Europas ermordet. Fast ein halbes Jahrhundert später gibt es im Lande der Täter immer noch kein Denkmal, das an das furchtbarste Verbrechen unserer Geschichte erinnert. Wir sind diese Erinnerung den Opfern, ihren Nachkommen und uns selbst schuldig. Deshalb fordern wir, daß in Berlin, wo einst das Verbrechen organisiert wurde, ein

## DENKMAL FÜR DIE ERMORDETEN JUDEN EUROPAS

errichtet wird. Es sollte auf dem Gelände von Hitlers ehemaliger Reichskanzlei entstehen, dort, wo bisher die Todesstreifen die beiden Teile Berlins trennte. Für die Umgestaltung dieses Bereichs im Herzen Berlins wird derzeit ein städtebaulicher Wettbewerb vorbereitet. Das Denkmal für den Mord an den Juden muß Teil des Wettbewerbs sein.

Seit über zwei Jahren tritt die Bürgerinitiative »Perspektive Berlin« für die Errichtung dieses Denkmals ein. Der »FÖRDERKREIS ZUR ERRICHTUNG EINES DENKMALS FÜR DIE ERMORDETEN JUDEN EUROPAS« wurde gegründet, um die verantwortlichen Politiker in beiden Teilen Berlins zur Realisierung des Projekts zu bewegen und zu seiner Finanzierung beizutragen.

Wir rufen Einzelpersonen, gesellschaftliche Gruppen, politische Parteien und Firmen auf, durch Spenden und durch Unterschriften die Errichtung des Denkmals zu unterstützen.

Dieser Aufruf erscheint in Zeitungen beider deutscher Staaten. Für den Vorstand Joachim Braun, Lea Rosh, Margherita von Brentano.


(Neues Deutschland vom 22. Juni 1990. Dem Kuratorium des Förderkreises gehörten an: Dr. Marcus Bierich (Robert Bosch GmbH), Prof. Dr. Eberhard Jäckel (Universität Stuttgart), Dr. Peter Kirchner (Jüdische Gemeinde Ost-Berlin), Siegfried Lenz, Prof. Kurt Masur, Edzard Reuter (Daimler-Benz A.G.) und Helmut Simon (ehem. Verfassungsrichter)

*Geschichte läßt sich nicht zudecken, man muß sich ihr stellen*

*Herr Besymenski, wenn wir die Sache richtig sehen, hatten die Siegermächte einschließ-lich der UdSSR nach Kriegsende die Absicht, alle baulichen Spuren des Faschismus, die einen zu hohen Erinnerungswert besaßen, zu tilgen. Die amerikanische Besatzungs-macht verfügte beispielsweise die Sprengung und Beseitigung jener Führergebäude auf dem Obersalzberg, die das US-Bombardement und die anschließenden Vernichtungs-aktionen der SS überstanden, um, wie es damals hieß, »politischen Kräften den Boden für restaurative Handlungen« zu entziehen. Ihre damalige Regierung in Moskau hatte doch wohl gleiches im Sinn? Sie ließ bis 1950 von Pioniereinheiten die Ruinen der Neuen Reichskanzlei beseitigen, und der Führerbunker, dessen Sprengung sich als unmöglich erwies, wurde geflutet und mit Betonplatten zugedeckt ...*

Ich kann es nicht ausschließen. Immerhin dienten die Steine und Mar-morplatten der Reichskanzlei einem vornehmen Ziel. Nämlich das sowjetische Ehrenmal in Treptow zu errichten. Baumaterial fand auch für die damalige U-Bahn-Station Thälmannplatz Verwendung. Da-mals dachte man so und hatte dafür auch sehr aktuelle Gründe. Der Fa-schismus war zwar militärisch besiegt, jedoch nicht geistig überwun-den. Auf dem Obersalzberg, dem Führersitz, fanden gleich nach 1945 faschistische Zusammenkünfte statt. In Berlin war gleiches zu be-obachten. Ich glaube nicht, daß damals die Zurschaustellung dieser Objekte vom sowjetischen Volk mit Begeisterung aufgenommen wor-den wären.

*Und heute?*

Es ist viel Zeit vergangen. Der Faschismus ist weitgehend geistig aufge-arbeitet worden. Ich habe demzufolge mit Interesse den Vorschlag im Neuen Deutschland gelesen, den Restbunker, das meiste ist ja mit den Baumaßnahmen des Berliner Magistrats vor wenigen Jahren zerstört worden, in einen Gedächtnispark einzuordnen. Der muß natürlich auch die vor ein paar Jahren freigelegten Zellenräume der Gestapo – die sind ja schon Gedenkstätte – und anderes erfassen und bis hin zum deutschen Reichstag führen. Ich halte diesen Vorschlag für diskus-sionswürdig.

*Auch angesichts der jüngsten neofaschistischen Randale in Berlin? Übrigens als mein Kollege den Führerbunker betrat, fand er unten bereits schockierende Sprüche einer neo-faschistischen Geburtstagsfeier für Adolf Hitler, die kurz vor seinem Einstieg mit Sekt und Parolen begangen wurde.*

Ich könnte mir schon vorstellen, daß die Möglichkeit, jene Orte zu be-sichtigen, an dem übrigens Adolf Hitler endete, Neonazis aus aller Welt anziehen könnten. Deshalb käme wohl ein solcher Park nur in Frage, wenn die politische Absicht vom antifaschistischen Geist getragen wäre, das heißt, wenn auch der Widerstand gegen die faschistische

Hydra gezeigt würde. Ein solcher Park wäre letztendlich für den Antifaschismus eine Chance ...

(Soll der nach dem Wegfall der Mauer freigelegte Führerbunker bald zu besichtigen sein? Geschichte läßt sich nicht zudecken, man muß sich ihr stellen. Mit dem sowjetischen Historiker und Publizisten Lew Besymenski sprach Dieter Wolf in: Neues Deutschland vom 30. Juni/1. Juli 1990)

### Denkmalschutz für die SS-Bunker in Berlin

Mit dem Bau der Neuen Reichskanzlei auf dem Areal des ehemaligen Marschallschen Garten hatte die Errichtung dieses Bunkersystems begonnen, das erst während des Zweiten Weltkrieges fertiggestellt wurde. Von der unterirdischen Kommandozentrale sind auf Grund ihrer Robustheit und der sie schützenden Tiefe Teile bis heute erhalten.

Die Bausubstanz von Alter und Neuer Reichskanzlei wurde zunächst von den sowjetischen Siegern als Steinbruch für ihre Ehrenmale benutzt. Den endgültigen Abriß übernahmen dann die Deutschen, die sich in Ost und West nicht darin unterschieden, gern unbequeme steingewordene Vergangenheit zu entsorgen, oft genug mit beflissen eingeholtem Alibiauftrag der Siegermächte. Letztes Beispiel hierfür ist noch im Jahre 1987 der Abriß des Kriegsverbrechergefängnisses in Spandau.

Bekanntlich sind Bunker nur mit großer Mühe zu beseitigen. In mehreren Anläufen dezimierten über Jahrzehnte hinweg Sprengungen den eigentlichen »Führerbunker« der Reichskanzlei. Von ihm existieren in

*Beim Abriß der Bunkeranlagen wurde der enorme Materialeinsatz sichtbar, 1990*

der Tiefe nur noch die Grundplatte und Reste der Beton-Außenwände. Im März 1990 trat die Vergangenheit unerwartet wieder kurz zutage. Ausgerechnet im Zusammenhang mit einer gemütvollen gesamtdeutschen Baumbepflanzungsaktion öffnete sich für kurze Zeit unter einem flachen Hügel im ehemaligen Todesstreifen ein provisorischer Zugang zu einigen Bunkern längs der Voßstraße. Eine »Bewältigungs«-Diskussion flackerte auf, die Schlimmes für die Zukunft verhieß. Das konservative Rechtsspektrum, eher geniert, hielt sich bedeckt. Das liberalprogressive Lager tendierte zur Beseitigung dieses »absoluten Unortes«, »monströsen Erbstücks«, »Gruselkabinetts«. Diese Richtung war höchstens bereit, später einmal nur nach eingehender pädagogischer Aufklärung geschlossene Gruppen durch die nationalsozialistische Unterwelt zu führen, um der Gefahr eines »braunen Wallfahrtsortes« zu entgehen. Der Grad der Erregung war hoch, weil die Diskutanten irrtümlich meinten, man sei auf den »Führerbunker« gestoßen, in dem Hitler und Goebbels starben.

Am 6. Juni 1990 meldete sich die Vergangenheit nochmals. Zu den Vorbereitungen des für den 21. Juli auf dem Kahlschlag südlich des Pariser Platzes geplanten Mediumspektakels »The Wall« gehörten Munitions-Bergungsarbeiten. Dabei stieß man auf dem Gelände der ehemaligen Reichskanzlei unter einer Erd- und Trümmerschicht unerwartet auf einen Betonbunker ... Er muß bald nach Ende der Kampfhandlungen durch Verfüllung unzugänglich gemacht worden und dem Vergessen anheimgefallen sein. Das erklärt den guten Erhaltungszustand der Fresken in einem der Räume ...

Es mag uns schmerzen, aber die Bunker sind die einzigen noch sinnlich wahrnehmbaren Fixpunkte der historischen Topographie. Schon allein deswegen müssen sie als begehbare Denkmale in situ erhalten bleiben. Im Zentrum der Macht belegen die Fresken ebenso treffend wie authentisch das Denken der Prätorianer und ihrer Zeit.

Notwendig ist archäologische Spurensicherung von möglicherweise noch existierenden Kellern und Fundamenten, sowohl zur Erleichterung bei der Festlegung ehemaliger Bebauungsgrenzen als auch für die eventuelle Integrierung von aussagefähigen Resten in die zukünftige Bebauung.

Bismarcks Wirken, Hitlers Verbrechen und der Nachkriegsschnitt durch die Stadt müssen an Ort und Stelle in das historische Vorstellungsvermögen und die Nachdenklichkeit einfließen können, nicht im Sinne der billigen gegenseitigen Selbstaufhebung, sondern als Nebeneinander von Höhen und Tiefen unserer Geschichte. Voraussetzung dafür ist historisch bewußte Stadtplanung, die nicht sofort vor jedem kurzatmigen Anspruch von Wirtschaft und Autoverkehr in die Knie geht, sondern sich bemüht, in ihrem Zuständigkeitsbereich Fundamente der Erinnerung zu legen. Sie könnten endlich auch in Deutschland einen Patriotismus begründen, der ohne Hurra-Gebrüll auskommt.

(Alfred Kernd'l, Ein Freskenraum der Leibstandarte. Die Bunkerreste auf dem Gelände der ehemaligen Reichskanzlei in: Der Tagesspiegel vom 8. Januar 1992)

## Bunker als Denkmal

Ein kleiner Bunker der Leibgarde Hitlers unterm Potsdamer Platz blieb bis heute unversehrt und damit für die Historiker ein interessantes Anschauungsobjekt. Gegen manchen Widerstand soll er nun als Denkmal geschützt werden.

Sommer 1990. Pink Floyd zelebriert auf dem Potsdamer Platz »The Wall«. In Vorbereitung des Riesenspektakels entdecken Grenzsoldaten einen vergessenen Bunker. Es ist nur ein kleiner Fahrerbunker der Leibgarde Hitlers, aber mit einer bemerkenswerten Eigenschaft – er ist unversehrt. Das Inventar vollständig erhalten. Die Historiker jubeln, endlich ein Zeitzeuge der letzten Tage des Hitlerregimes. Aber die Politiker denken anders. Nach einem Tag der Vermessung wird der Bunker wieder zugeschüttet. Das Thema zu heikel: Wer sich in deutschen Landen mit faschistischem Erbe auseinandersetzt, gerät leicht in Verdacht, Nazianhänger zu sein.

In sechs Wochen wird besagter Bunker unter Denkmalschutz gestellt. Die zuständigen Senatoren, Hassemer und Roloff-Momin, signalisierten Zustimmung. Vor zwei Jahren wäre daran nicht zu denken gewesen. Bis zur nächsten Öffnung dauert es noch mindestens zwei Jahre. Dann nämlich, wenn der Platz bebaut wird. Alfred Kernd'l, wissenschaftlicher Leiter des archäologischen Landesamtes, beantragte den Denkmalschutz gleich nach Bekanntwerden des Fundes. »Zuschütten ist Flucht aus der Geschichte«, so lautet seine Interpretation. Gerade aus konservativen Kreisen hört er oft die Forderung – Zuschütten! Für ihn stellt sich das als Wegdrücken von Vergangenheit dar. Die jüdische Gemeinde wiederum befürchtet einen Wallfahrtsort. Dieses Argument läßt Kernd'l gelten, jedoch verteidigt er seine Auffassung. »Ich will keine Gedenkstätte. Die Bunker sprechen für sich.«

Wandmalereien vom Frühsommer '41 zeigen Kriegsszenen vom Balkan. Gefangene englische Soldaten, deutsche Fallschirmjäger. Andere Bilder verdeutlichen damals gängige Wertvorstellungen: SS-Männer, die mit Schilden deutsche Brautpaare und Zecher schützen. Adlersymbole, Eichenlaub. Die Räume sind nur zweimal drei Meter groß. »Auch ein Argument gegen einen Wallfahrtsort«, so Kernd'l. Geschichtlich bedeutende Bauten wurden in den letzten Jahren mehrfach beseitigt. Sowohl im Westen als auch im Osten. Bekannteste Beispiele sind das Prinz-Albrecht-Palais und das Berliner Stadtschloß. Zuletzt das Lenindenkmal ...

(Olaf Schlippe, Bunker als Denkmal in: Junge Welt vom 25. Juli 1992)

*Der Bunker ins Museum*

Alfred Kernd'l, der wissenschaftliche Direktor am Archäologischen Landesamt Berlin, hat der deutschen Hauptstadt mit eigenwilligen Thesen eine heftige Diskussion beschert. Dabei geht es jedoch nicht um ur- oder frühgeschichtliche Streitfragen, sondern um die nationalsozialistische Vergangenheit, genauer: um eine Art künstlerischer Hinterlassenschaft der »Leibstandarte SS Adolf Hitler« ... Nicht wegen ihrer künstlerischen Qualität, aber wegen ihrer Authentizität, mit der sie die Männerphantasien einer Einheit der Waffen-SS illustrieren, die sich als Elite des SS-Staates verstand, müssen die Fresken aus dem Bunker erhalten und der Öffentlichkeit zugänglich gemacht werden. Freilich nicht in dem engen Bunker unter dem Potsdamer Platz, der nun wirklich nichts Denkmalwürdiges an sich hat und eher Ewiggestrige anlocken würde. Die Fresken gehören in das Deutsche Historische Museum. Technisch ist es möglich, im Museum die Bunkerräume originalgetreu und mit der dort herrschenden Atmosphäre nachzubauen und die originalen Wandmalereien dorthin zu bringen. Sie wären dort allgemein zugänglich und könnten, eingebettet in den Zusammenhang der Darstellung der Geschichte der SS und des SS-Staates – aber auch der Reichskanzlei und ihres Bunkersystems –, eine nützliche Funktion haben. Das Bunkersystem im Bereich der längst in Schutt und Trümmer gesunkenen Reichskanzlei sollte nach der Bergung der Fresken, genauem Aufmaß und fotografischer Dokumentation zugeschüttet werden.

(Peter Jochen Winters, Die Götter der Leibstandarte. Fresken des Unterganges: Zum Streit um den Denkmalschutz für die SS-Bunker in Berlin in: Frankfurter Allgemeine Zeitung vom 28. Juli 1992)

*Schwierigkeiten einer Hauptstadt*

Unbehagen und Verlegenheit bereiten in Berlin, der einstigen und wiederberufenen deutschen Hauptstadt mit derzeitigem Sitz in Bonn, Bunkeranlagen der »SS-Leibstandarte Adolf Hitler«, die 1990 bei Geländeerkundungen vor dem »Wall«-Konzert von Pink Floyd mitten im alten Berliner Regierungsviertel entdeckt wurden. Das Landesamt für Archäologie hat beantragt, diese Originalhöhle des Faschismus . . . unter Denkmalschutz zu stellen unter Protest der jüdischen Gemeinde, die darin »eine dauernde Irritation und Beleidigung für die Opfer des Nationalsozialismus und ihre Nachkommen« sieht. Der Berliner Kultursenator hat den allgemeinen Zugang zum Denkmal der Täter und ihrer Mentalität untersagt, um keinen »NS-Tourismus« im alten und neuen Regierungsviertel aufkommen zu lassen. So bleibt der Bunkermuff vorerst unter einem Betondeckel in der jetzigen Ödnis nahe des Potsdamer Platzes bewahrt, während der Nazi-Tourismus sich Stimulantien seines nicht nur vergangenheitsgerichteten Tuns und Treibens ohnehin in anderen Höhlen und Orten sucht.

Allerdings ist das Unbehagen über archäologische Ab- und Untergründe Berlins vielschichtiger, als eine Debatte nur über den öffentlichen oder nicht-öffentlichen Status des Denkmals erahnen läßt. Wenn einer Zeit das Verschwinden zum Gesetz wird, muß ihr der Denkmalschutz ein Amt werden, das Zeugnisse vergangener Kultur und Barbarei unabhängig davon bewahrt, ob deren Sach- und Erbwalter am liebsten übliche deutsche Jägerzäune mit dem Schild »Betreten verboten« um die unangenehmen Relikte aufstellen würden. Tatsächlich dringt aus dem Bunker, der zum Komplex unter der Neuen Reichskanzlei Albert Speers gehört und noch unter dem Namen »Führerbunker« bekannt ist, der Muff an einem empfindlichen Nerv des wiedervereinigten, offiziellen deutschen Antifaschismus. In verschiedenem Maß und Tempo avancierte er in beiden deutschen Ex-Staaten zur tragenden rhetorischen Figur und hat – mit verschiedenen Nuancen und Widerständen – Opfern faschistischer Gewalt und Vernichtung Mahnmale zugestanden.

Die Unkultur der Täter, die Manifestationen innerer und äußerer Mentalitäten, in die alles Deutsche exzessiv verstrickt war, wurde jedoch in seltsamen Parallelprozessen in der Nachkriegszeit verdrängt – in materieller Gestalt durch den dynamitbewehrten Antifaschismus der zu DDR-Zeiten dem eigentlichen »Führerbunker« schon zu Leibe gerückt war, aber auch in Westberlin, wo es, wenngleich mit anderen Begründungen, etwa den »Sportpalast« traf, der durch die Inszenierung des totalen Kriegswillens gezeichnet war . . . Das Unvermögen, Relikten der Täterwelt offen ins Gesicht zu sehen, war und ist mit dem Unwillen gepaart, Spiegelbilder eigener Verstrickung zu erkennen: Akte der Selbstverleugnung, die viel mit klammheimlichen Übernahmen von Nazi-Personal – zu tun haben . . .

Mitten in der Planung des Regierungsviertels bringt die Katakombe zur Ansicht, daß es nicht nur Relikte des Faschismus gibt, die unter den abgetragenen Steinen der Berliner Mauer in schockhafte Übernähe treten, weil anderer Umgang mit ihnen als ihre materielle und immaterielle Beseitigung nicht existiert. Plötzlich und erst so spät erinnert sie außerdem daran, daß das neue Regierungsviertel im historisch besetzten Raum entsteht, zu dem auch fast getilgte Machträume und Symbole des Faschismus gehören. Mit Bonner Beschaulichkeit geht es deshalb zu Ende . . . Die Katakombe der Täter kann jetzt nicht unheimlich still im Untergrund, dem Bodensatz kollektiven Unbewußtseins verschlossen werden, weil das geplante Mahnmal jüdischer Opfer dort plaziert werden soll, umgekehrt verbietet sich, für das Mahnmal nun unverfänglichere Orte zu suchen, um Zumutungen zu vermeiden.

Mag das Brandenburger Tor wieder offen sein: der Weg aus der deutschen Geschichte ist es nicht. Die krassen Polaritäten an diesem Ort sind ihre unvermutet freigelegten Extreme. Sie dort in öffentlicher Nähe zu halten, fordert das neue Berliner Hauptstadtverständnis heraus, in der Gegenwart mit seiner gesamten Vergangenheit zu leben. Wenn das nicht gelingt, behielte die deutsche Hauptstadt ihren ständigen Sitz besser in Bonn.

(Uwe Pralle, Schwierigkeiten beim Hauptstadtbauen. Ein Nazi-Bunker und das Mahnmal für die Holocaust-Opfer in: Frankfurter Rundschau vom 29. August 1992)

### Die Geschichtsmeile wird auf Eis gelegt

Aus der geplanten und vom Abgeordnetenhaus im Frühjahr dieses Jahres bereits beschlossenen »Geschichtsmeile Wilhelmstraße« im Bezirk Mitte wird vorerst nichts. Für das Projekt fehlt Geld. »Aufgrund der Haushaltslage sieht sich der Senat nicht in der Lage, Mittel bereitzustellen«, heißt es in einem Schreiben, das der Stiftung Topographie des Terrors schon seit Freitag vergangener Woche vorliegt.

Die Stiftung und die Historische Kommission waren noch Ende März vom Abgeordnetenhaus aufgefordert worden, ein Konzept zu erarbeiten. »Die politische und historische Bedeutung des Wilhelmstraßenbereichs« müsse aufgezeigt werden, waren sich die Abgeordneten einig. Jetzt, bestätigte Petra Reetz von der zuständigen Senatsbauverwaltung, habe sich die Situation verändert. Morgen soll der Senat endgültig beschließen, die Geschichtsmeile auf Eis zu legen, empfiehlt Bausenator Wolfgang Nagel (SPD) den Senatsmitgliedern. »An den Inhalten besteht kein Zweifel, aber nach der Sparklausur können wir die 500000 Mark teure Konzeption nicht verwirklichen«, ist sich Petra

Reetz sicher. Sie glaubt auch nicht mehr daran, daß Finanzsenator Elmar Pieroth (CDU) daran etwas ändern kann.

Die Historische Kommission und die Stiftung Topographie hatten vorgeschlagen, die Geschichte der Wilhelmstraße auf zwölf wetterfesten Postern darzustellen. Als mögliche Standorte sieht Andreas Nachama von der Stiftung Topographie unter anderem das ehemalige Außenministerium, das Reichspropagandaministerium, die Englische Botschaft oder die alte Reichskanzlei.

»Auf einer Fachkonferenz im kommenden Jahr wollten wir ein Symposium zur geschichtlichen Aufklärung und eine Dokumentation vorbereiten«, so Nachama. Langfristig, so die Idee der beteiligten Wissenschaftler, sollte die Entwicklung des Straßenzuges in der 200jährigen Zeitspanne zwischen Preußentum, Kaiserzeit, Weimarer Republik, Faschismus und der DDR aufgezeigt werden.

»Wir bearbeiten das Thema trotzdem«, verspricht Nachama. Er erinnert daran, daß das Gelände der Stiftung Topographie des Terrors neben dem Martin-Gropius-Bau vom kommenden Jahr an vergrößert wird. Dort, wo bisher eine provisorische Baracke steht, entsteht innerhalb von zwei Jahren ein größerer Bau, der 35 Millionen Mark verschlingt. »Dann können wir die Geschichte der Wilhelmstraße größer als bisher präsentieren«, verspricht Nachama.

(Marlies Emmerich, Die Geschichtsmeile wird auf Eis gelegt in: Berliner Zeitung vom 19. September 1994)


*Gegen Mythenbildung und Abriß*

Seit der Zerschlagung der Nazi-Diktatur geistert der Trivialmythos von deren Götterdämmerung nicht nur durch die Köpfe alter und neuer Nazis. Am Mythos vom schaurig-schönen Untergang im Führerbunker woben auch aufklärend gemeinte Dokumentationen, Filme und Fernsehspiele über die letzten Tage Hitlers und seiner Getreuen. Dem Namen des Schauplatzes dieser irrwitzigen Agonie wuchs die Bedeutung einer magischen Formel zu: Das bloße Wort Führerbunker weckt die Bilder eines abstoßenden Purgatoriums. Die Sprengung der Reichskanzlei samt deren unterirdischen Bunkeranlagen nach 1945 beseitigte zwar die Bauten, aber sie erhöhte deren zwiespältigen Ruhm. Wo die baulichen Zeugen fehlen, baute die überhitzte Phantasie ... Daß mit den Resten keineswegs die Faszination des Ortes verschwunden war, erwies sich 1990. Neugierige, vielleicht auch NS-Gläubige, die hier die Krypta ihrer Devotion zu finden hofften, verschafften sich Zugang zu den wiederentdeckten Resten der Bunkeranlagen. Es handelte sich um Räume der Fahrbereitschaft ... Am vergangenen Dienstag nun erklärte der Berliner Senat, er wolle den Fahrerbunker nicht unter Denkmalschutz stellen. Nur die Bemalung der Wände solle geborgen und konserviert werden ... Bedenken, nun sei der Weg frei, ein aufschlußreiches Relikt der Diktatur – das überdies der geplanten Neubebauung des Geländes im Wege steht – zu beseitigen, wird entgegengehalten, die nur wenige Meter entfernte Dokumentationsstätte »Topographie des Terrors« informiere wesentlich präziser und anschaulicher über das NS-Regime. Damit aber verweist man unfreiwillig auf ein besonderes Dilemma Berlins: In der einstigen und neuen Hauptstadt inflationiert eine sonderbare Gedenkkultur. Die künstlerisch ausgestalteten Mahnmale und Gedenkstätten, die an die Greuel der NS-Diktatur erinnern, sind kaum noch zu zählen. Dieser übergreifenden Topographie simulierten Terrors stehen die authentischen baulichen Relikte der Diktatur meist unbeschadet gegenüber. Die von Nazi-Architekten errichteten Botschaftsgebäude am Tiergarten sind größtenteils restauriert, NS-Staatsbauten wie das ehemalige Reichsluftfahrtministerium oder die Reichsbank sind für Bundesministerien reserviert. Würde ein erhaltener und zugänglicher Fahrerbunker tatsächlich auf unangemessene Art aufgewertet? Das Gegenteil ist der Fall. Wer ihn abreißt, baut am fiktiven mythenträchtigen Führerbunker.

(Fahrer oder Führer? in: Frankfurter Allgemeine Zeitung vom 24. November 1994)

## Doch noch eine Geschichtsmeile?

Die »Geschichtsmeile Wilhelmstraße« soll es nun doch geben. Der Senat beschloß gestern das etwa 500 000 Mark teure Konzept. »Das Geld kommt aus meinem Haushalt«, betonte Bausenator Wolfgang Nagel (SPD). Finanzierungsprobleme will er nie gesehen haben ... Ab Anfang kommenden Jahres soll das Projekt stufenweise bis 1997 realisiert werden.

(Geschichtsmeile an der Wilhelmstraße gesichert. Ab 1995 historische Aufklärung vor Ort in: Berliner Zeitung vom 30. November 1994)

# Literaturverzeichnis (Auswahl)

**1. Aktenveröffentlichungen und Dokumentationen**

Die Befreiung Berlins 1945. Eine Dokumentation. Hrsg. von Klaus Scheel, 2. überarb. Aufl., Berlin 1985

Berlin. Quellen und Dokumente 1945–1951, 1. Hlbd., Hrsg. im Auftrag des Senats, Berlin 1966

Berlin im Zweiten Weltkrieg. Der Untergang der Reichshauptstadt in Augenzeugenberichten, Hrsg. von Hans Dieter Schäfer, München–Zürich 1985

Lew Besymenski, Die letzten Notizen von Martin Bormann, Stuttgart 1974

Lew Besymenski, Der Tod des Adolf Hitler. Die Endphase des Zweiten Weltkrieges aus sowjetischer Sicht, Frankfurt/M.–Berlin 1990

Joseph Goebbels, Tagebücher 1945. Die letzten Aufzeichnungen. Einführung von Rolf Hochhuth, Hamburg 1977

Hitlers Lagebesprechungen. Die Protokollfragmente seiner militärischen Konferenzen 1942–1945. Hrsg. von Helmut Heiber, Stuttgart 1962

Hitlers politisches Testament. Die Bormann-Diktate vom Februar bis April 1945. Mit einem Essay von Hugh R. Trevor-Roper und einem Nachwort von Andre Francois Poncet, Hamburg 1981

1945. Das Jahr der endgültigen Niederlage der faschistischen Wehrmacht. Dokumente. Ausgew. und eingel. von Gerhard Förster und Richard Lakowski, Berlin 1975

Der Kampf um Berlin in Augenzeugenberichten. Hrsg. von Peter Gosztony. Mit einem Vorwort von Probst Heinrich Grüber, Düsseldorf 1970

Karl Koller, Der letzte Monat. 14. April bis 27. Mai 1945. Tagebuchaufzeichnungen des ehemaligen Chefs des Generalstabs der deutschen Luftwaffe, 2. Aufl., Esslingen 1985

Kriegstagebuch des Oberkommandos der Wehrmacht (Wehrmachtsführungsstab) 1940–1945, Bd. IV: 1. Januar 1944–22. Mai 1945. Eingel. und erläutert von Percy Ernst Schramm, München–Herrsching 1982

1945. Ein Lesebuch. Hrsg. von K. R. Bergmann und G. Schneider, Hannover 1984

Die Niederlage 1945. Aus dem Kriegstagebuch des Oberkommandos der Wehrmacht, Hrsg. von Percy Ernst Schramm, 2. Aufl., München 1985

Joachim Schultz-Naumann, Die letzten dreißig Tage. Das Kriegstagebuch des OKW April bis Mai 1945 – Die Schlacht um Berlin. Dokumente, Bilder und Urkunden, München 1980

Sehr selten habe ich geweint. Berliner Briefe und Tagebücher aus dem Zweiten Weltkrieg, Hrsg. von Ingrid Hammer und Susanne zur Nieden, Zürich 1992

Der Todeskampf der Reichshauptstadt. Hrsg. von Bengt von zur Mühlen unter Mitarbeit von Frank Bauer, Karen Pfundt, Tony Le Tissier, Berlin–Kleinmachnow 1994

Zerstört, besiegt, befreit. Der Kampf um Berlin bis zur Kapitulation 1945. Bearb. von Hans-Norbert Burkert, Klaus Matußek und Doris Obschernitzki (Stätten der Berliner Geschichte, Bd. 7), 2. Aufl., Berlin 1985

**2. Erinnerungen**

Helmut Altner, Totentanz Berlin. Tagebuchblätter eines Achtzehnjährigen, Offenbach am Main 1947

Ruth Andreas-Friedrich, Der Schattenmann. Tagebuchaufzeichnungen 1938–1945. Mit einem Nachwort von Klaus Drobisch, Berlin 1972

N. A. Antipenko, In der Hauptrichtung, Berlin 1973

Alexandr N. Bessarab, Panzer im Visier, Berlin 1973

F. M. Bokow, Frühjahr des Sieges und der Befreiung, Berlin 1979

Gerhard Boldt, Hitler. Die letzten zehn Tage in der Reichskanzlei, München 1976

Karl-Friedrich Boreé, Frühling 45. Chronik einer Berliner Familie, Darmstadt 1954

Margret Boveri, Tage des Überlebens, München 1968

Michail I. Burzew, Einsichten, Berlin 1981

Paul David, Am Königsplatz, Die letzten Tage der Schweizerischen Gesandtschaft in Berlin, Zürich 1948

Lieselott Diem, Fliehen oder bleiben? Dramatisches Kriegsende in Berlin, Freiburg 1982

Stefan Doernberg, Befreiung 1945. Ein Augenzeugenbericht, Berlin 1975

Theo Findahl, Letzter Akt – Berlin 1939–1945, Hamburg 1946

Eine Frau in Berlin – Tagebuchaufzeichnungen, Genf–Frankfurt/M. 1959

Emilie Karolin Gerstenberg, Die Schlußphase der russischen Eroberung Berlins 1945. Ein Westender Tagebuch, München 1965

Heinrich Grüber, Erinnerungen aus sieben Jahrzehnten, Köln 1968

Erich Kempka, Ich habe Adolf Hitler verbrannt, Köln–Berlin o. J.

Edward Kmieck, Berliner Victoria 24. 4.–2. 5. 1945. Polnische Soldaten am Brandenburger Tor, Warschau 1972

I. S. Konew, Das Jahr fünfundvierzig, Berlin 1969

Jacob Kronika, Der Untergang Berlins, Flensburg 1946

Ernst Lemmer, Manches war doch anders, Frankfurt/M. 1968

Heinz Linge, Bis zum Untergang. Als Chef des Persönlichen Dienstes bei Hitler, 2. Aufl., München 1980

Mathias Menzel, Die Stadt ohne Tod, Berliner Tagebuch 1943/1945, Berlin 1946

Wilfried von Oven, Mit Goebbels bis zum Ende, Buenos Aires 1950

Boris Polewoi, Berlin 896 km. Aufzeichnungen eines Frontkorrespondenten, Berlin 1975

Hanna Reitsch, Fliegen – Mein Leben, München 1981

Hans Rosenthal, Zwei Leben in Deutschland, Bergisch-Gladbach 1980

Jelena Rshewskaja, Hitlers Ende ohne Mythos, Berlin 1967

Ernst-Günther Schenck, Ich sah Berlin sterben. Als Arzt in der Reichskanzlei, Herford 1970

G. K. Shukow, Erinnerungen und Gedanken, Berlin 1969

Konstantin Simonow, Kriegstagebücher 1942–1945, 2. Aufl., Berlin 1982

W. I. Tschuikow, Gardisten auf dem Weg nach Berlin, Berlin 1976

Isa Vermehren, Reise durch den letzten Akt. Ravensbrück, Buchenwald, Dachau: Eine Frau berichtet, Reinbek 1979

Siegmund Weltlinger, Hast du es schon vergessen? Erlebnisberichte aus der Zeit der Verfolgung, Berlin 1960


## 3. Darstellungen

Uwe Bahnsen/James P. O. Donnell, Die Katakombe. Das Ende in der Reichskanzlei, Stuttgart 1975

Deutschland im Zweiten Weltkrieg. Bd. 6, Die Zerschlagung des Hitlerfaschismus und die Befreiung des deutschen Volkes (Juni 1944 bis zum 8. Mai 1945) Von einem Autorenkollektiv unter Leitung von Wolfgang Schumann und Olaf Groehler, 2. Aufl., Berlin 1988

159

Günther W. Gellermann, Die Armee Wenck – Hitlers letzte Hoffnung. Einsatz und Ende der 12. deutschen Armee im Frühjahr 1945, Koblenz 1984

Geschichte des Großen Vaterländischen Krieges der Sowjetunion, Bd. 5, Die siegreiche Beendigung des Krieges mit dem faschistischen Deutschland. Die Niederlage des imperialistischen Japans. Hrsg. Institut für Marxismus-Leninismus beim Zentralkomitee der Kommunistischen Partei der Sowjetunion, Berlin 1967

Geschichte des Zweiten Weltkrieges 1939–1945 in zwölf Bänden, Zehnter Band, Die endgültige Zerschlagung des faschistischen Deutschlands, Berlin 1982

Olaf Groehler, Das Ende der Reichskanzlei, 3. Aufl., Berlin 1976

Werner Haupt, Das Ende im Osten, Chronik vom Kampf in Ost- und Mitteldeutschland, Dorheim 1970

David Irving, Hitler und seine Feldherren, Frankfurt/M.–Berlin–Wien 1975

Erich Kuby, Die Russen in Berlin 1945, München 1965

Franz Kurowski, Armee Wenck, Die 12. Armee zwischen Elbe und Oder 1945, Neckargemünd 1967

Richard Lakowski/Klaus Dorst, Berlin Frühjahr 1945, Berlin 1985

Richard Lakowski, Seelow 1945. Die Entscheidungsschlacht an der Oder. Hrsg. vom Militärgeschichtlichen Forschungsamt mit einem Vorwort des Amtschefs Dr. Günter Roth, Berlin 1995

Michail A. Musmano, In zehn Tagen kommt der Tod. Augenzeugen berichten über das Ende Hitlers, Ereignisse im Führerbunker und in der Reichskanzlei, München 1950

Wolfgang Paul, Der Endkampf um Deutschland, München 1978

Cornelius Ryan, Der letzte Kampf, 3. Aufl., München 1977

Hans-Rainer Sandvoß, Widerstand in Mitte und Tiergarten (Band 8 der Schriftenreihe über den Widerstand in Berlin), Berlin 1994

Klaus Scheel, Hauptstoßrichtung Berlin, 2. Aufl., Berlin 1983

Marlis G. Steinert, Die letzten 23 Tage der Regierung Dönitz. Die Agonie des Dritten Reiches, München 1978

Wilhelm Tieke, Das Ende zwischen Oder und Elbe. Der Kampf um Berlin 1945, 3. Aufl., Stuttgart 1994

Tony Le Tissier, Der Kampf um Berlin 1945, Berlin 1991

Jürgen Thorwald, Das Ende an der Elbe, 10. Aufl., München–Zürich 1978

John Toland, Das Finale. Die letzten hundert Tage, Bergisch-Gladbach 1978

H. R. Trevor-Roper, Hitlers letzte Tage, 3. Aufl., Frankfurt/M.–Berlin 1965

Gerd R. Ueberschär/Rolf Dieter Müller, Deutschland am Abgrund. Zusammenbruch und Untergang des Dritten Reiches 1945, Konstanz 1986

Earl F. Ziemke, Die Schlacht um Berlin, Rastatt 1982